名师名校名校长

凝聚名师共识
回应名师关怀
打造名师品牌
培育名师群体

　　　　郭明远题

微而精彩
家园同行

基于微课在家园共育中的探索

宋小群　梁华凤 / 主编

中国出版集团　现代出版社

图书在版编目（CIP）数据

微而精彩　家园同行：基于微课在家园共育中的探索 / 宋小群，梁华凤主编. — 北京：现代出版社，2022.3

ISBN 978-7-5143-9778-9

Ⅰ.①微… Ⅱ.①宋… ②梁… Ⅲ.①学前教育—教学研究 Ⅳ.①G612

中国版本图书馆CIP数据核字（2022）第046635号

微而精彩　家园同行：基于微课在家园共育中的探索

作　　者　宋小群　梁华凤
责任编辑　张　璐
出版发行　现代出版社
地　　址　北京市安定门外安华里504号
邮政编码　100011
电　　话　010-64267325　64245264
网　　址　www.1980xd.com
印　　制　北京政采印刷服务有限公司
开　　本　710mm×1000mm　1/16
印　　张　12
字　　数　192千
版　　次　2022年3月第1版　　2022年3月第1次印刷
书　　号　ISBN 978-7-5143-9778-9
定　　价　58.00元

目 录

下 篇 微课在家园共育中的实践研究成果

研究经验论文选

上　篇

新兴教育方式与传统模式结合

新兴教育方式——微课

　　根据国内外对微课的相关研究，目前其概念尚没有形成统一观点，其概念界定和内涵也随着相关理论与实践研究的发展而不断发生变化，由于研究领域和描述侧重不同而出现了"微型课程说""在线教学视频说""数字化学习资源包说""课堂片段说""教学活动说""学习对象说""微型化在线交互式视频课件说"①等众多观点，并出现了"微课"和"微课程"等易混淆的概念。因此，在探讨微课程的概念与内涵之前，有必要根据微课程的发展过程厘清其概念演变。

一、微课的发展

　　美国北艾奥瓦大学麦克格鲁（Le Roy A. Mc Grew）教授于1993年提出"60-second course"；英国纳皮尔大学凯（T. P. Kee）教授于1995年提出"The one minute lecture"；美国圣胡安学院戴维·彭罗斯（David Penrose）于2008年正式提出"Micro-lecture"概念；2011年，李玉平教授制作教研小视频来展现"三小"研究方法及成果，后来被称为"微课"；2011年，胡铁生将"优秀课例片段"演化提升为"微课"；2012年，数字故事、TED、慕课、可汗学院、翻转课堂等概念与微课概念混杂；2012年，首届中小学微课大赛、首届高校微媒大赛将微课概念推向全国；2013年，基于微课的在线教育兴起，官方及民间微课竞赛不断，各地学校开始尝试在学校教育中运用微课；2014年，微课理论及实践冷静沉淀期，由资源建设转移到教学应用。但为了更细致地了解微课及

---

① 张霞. 微课程的设计、开发与应用研究［D］. 南宁：广西师范学院，2014.

其相关概念，我们有必要对其中的过程进行详细的了解。

微课程，顾名思义，其最显著的特点便是"微"，所以微课程最初就是围绕这个特点而发展的。微课程的起源可追溯至早期的微型课程，从微型课程到微格教学再到微视频教学，直至今天的微课程，虽然其内涵经历了一系列的改变，但始终紧紧围绕"微"这个特质。

美国艾奥瓦大学于1960年提出了微型课程（Minicourse），微型课程是指基于主题的小模块课程，这种课程时间短，所以又被称为短期课程、课程组件或课程单元。[①]随后，新加坡教育部于1998年实施了Micro Lessons研究项目，Micro Lessons主要是培训教师制作微型课程，尤其注重课程的深度和情境的运用以及活动和工具与模板的设计。[②]相对于正常课程来说，微型课程的最大特点是课程规模小。

微型课程实施后，美国斯坦福大学师资培训部主任德瓦特·艾伦博士（Dwight W. Allen）又推出"微型教学"。"微型教学"也可以称为"微格教学"（Microteaching），它是一种新型的课程形式。微型教学将教师的完整教学过程分为若干个步骤，同时也将教学内容分成独立的知识点或者主题单元，教师在教学过程中通过微格教学不断地完善自己的教学行为，以此提高师范生和在职教师的基本教学技巧。[③]简单地说，微格教学即教师将自己教学过程用视频记录下来，反复观看，从而改进自身教学技巧。

以微型课程和微格教学的发展为基础，微视频教学逐渐兴起。1993年，麦克格鲁教授提出了60秒课程来为民众普及有机化学的知识[④]；英国纳皮尔大学凯教授也提出了"一分钟讲座"，主要是进行一分钟的演讲[⑤]；2001年，美国麻省理工学院为推出微型教学视频，实施了Open Course Ware（OCW）计

---

① 田秋华.微型课程及其开发策略［J］.课程·教材·教法，2009（5）：3-8.

② 刘运华，袁克定，赵国庆.新加坡微型课程研究项目的实践与启示［J］.中国电化教育，2005（11）：98-101.

③ 姜玉莲.微课程研究与发展趋势系统化分析［J］.中国远程教育，2013（12）：64-73.

④ Mc Grew，L. A. A 60-second course in Organic Chemistry［J］.Journal of Chemistry Education，1993（70）：543.

⑤ T. P. Kee. The One Minute Lecture［J］.Education in Chemistry，1995（32）：100-101.

划；2004年7月，英国也启动了15分钟一个节目的教师电视频道①；2006年，美国哈佛大学推出"一个细胞的内部生活"微型教学视频；2007年，美国宾夕法尼亚大学推出了公开课《60秒视频讲座》系列；2008年，乔·托马斯（Joe Thomas）创办了基于维基功能的视频资源库"观看、知道、学习"，其主要是根据学生的多样性推荐视频②。这些都是微视频在教学领域的应用，并且大多取得了成功。

　　2008年秋，美国新墨西哥州圣胡安学院高级教学设计师、学院在线服务经理戴维·彭罗斯教授首创了影响广泛的"一分钟的微视频"，即"微课程"（Micro-lecture）。戴维·彭罗斯教授被戏称为"一分钟教授"，也因被认为是"微课程"最早的创始人而声名远播③。微课程是指以在线学习或移动学习为目的的实际教学内容，时长一般1~3分钟，突出关键的概念、主题和活动，引导学生利用网络这个强大的工具，根据所提供的资源和活动，建构自己需要的知识。它的核心理念就是课程的教学目标明确，教学内容短小凝练，集中说明一个问题，以产生一种"高度聚焦的学习体验"④。彭罗斯认为，微型的知识脉冲（Know ledge Burst）只要在一定量的作业与讨论的支持下，就能够与传统的长时间授课获得相同的效果。他还提出建设微课程的五个步骤：列出课堂教学中需要传递的核心概念，做微课程的核心；写出一份15~30秒的介绍和总结，为核心概念提供上下文背景；用麦克风或网络摄像头录制以上内容；设计能够指导学生阅读或探索的课后任务，帮助他们收集与学习任务相关的学习资源；允许学生自主控制学习节奏，根据实际的学习需求开展有针对性的学习。这种主题集中的微课程能够有效地节约学习时间。微课程的形式促使教师、学

① Agnes Mc Mahon Teachers TV Education Analysis Report Research Report DCSF-RW060 Agnes Mc Mahon 2008 ISBN 978 1847752369［EB/OL］.［2013-3-2］. https：//dera.ioe. ac.uk/8584/1/DCSF-RW060.pdf .

② Gary Price.Watch，Know，Learn：A Rich Online Video Academy［EB/OL］.［2013-3-3］. https：//searchengineland.com/watch-know-learn-a-rich-online-video-academy-116767.

③ 关中客. 微课程［J］. 中国信息技术教育，2011（17）：14.

④ Shieh D.These lectures are gone in 60 seconds［J］.The Chronicle of Higher Education，2009（6）：13.

生与教学研究者重新采用一种新的思考方式开展教学。莫里斯（Morris）认为，彭罗斯所提出的微课程概念以网络课程的形式存在，有可能为现实课堂的教学模式提供一种新思路。①

在彭罗斯提出 Micro-lecture 这一概念后，也有一些学者对此进行了研究。如Rianne A.M. Bouwmeester在*Online formative tests linked to micro-lectures improving academic achievement*一文中，就更多地关注到在线微课程学习对提高学习成绩的有效性以及微课程评价的相关问题②。*The Analysis on Systematic Development of College Micro-lecture*一文则详细叙述了系统构建高校微课程体系的可行性③。*Research on a Micro-lecture Design Model through Comparative Case Study*一文分析了如可汗学院、TED等国际在线学习资源，总结其共同点和差异，在此基础上提出微课程构建模型④。

随着国外微型课程和微格教学的兴起，国内也引进了微型课程和微格教学，尤其是微格教学，在我国教师教育培训中取得了巨大的成功，这也为我国微课程的萌芽提供了条件。2011年，胡铁生老师发现专家在评比时由于时间问题无法将参赛作品全部看完，所以他提出让教师以独立知识点为核心制作微型视频参加比赛，这就是我国微课最初的雏形⑤。由此可见，我国的微课并不能完全看成国外的舶来品，而是在我国教育实践土壤中生长起来的本土化微课，尤其是其在发展过程中，已然深深扎根于我国教育实践。

国内微课的发展历史要从两个微课类型来看，其一是主要供给学生学习知识点的微课，一般认为起源于佛山市教育局教育信息网络中主管资源建设的胡铁生。其二是在教师教研过程中产生并再运用于教研的教师成长类微

---

① Morris L. V. Little Lectures? ［J］.Innovative Higher Education，2009，34（2）：67-68.

② Rianne A.M.Online formative tests linked to micro-lectures improving academic achievement ［J］.Medical Teacher，2013（35）：12.

③ Liu Xiaohong，Wang Lisi.The Analysis on Systematic Development of College Micro-lecture ［J］.Higher Education Studies，2013（6）：65-70.

④ Liang Leming，Cao Qiaoqiao&Zhang Baohui.Research on a Micro-lecture Design Model through Comparative Case Study. ［J］. Open EducationResearch，2013（1）：64.

⑤ 王竹立.微课热是暂时的，微课是长期的［J］.中小学信息技术教育，2013（9）：79.

课，普遍认为起源于内蒙古鄂尔多斯市东胜区教研中心主任李玉平，李玉平称其为微课程。

（一）学生学习类微课

关于国内微课起源，不少专家、学者认为其萌芽于2010年11月，即由佛山市教育局主办的"2010年佛山市中小学新课程优秀课例片段征集评选活动"，后由于微课概念的盛行，此次活动也被称为"首届中小学新课程优秀微课征集评选活动"[①]。不少媒体对此次评选活动进行了报道，《南方日报》称：佛山教育局全国首创"微课堂"点击率破5万[②]。

可见在此之前，佛山市教育局采用的不是"微巧"的概念，而是"优秀课例片段"。活动组织者本身对微课的概念仍不成熟，当时的媒体更是不清楚，于是出现花样百出的报道。究其原因，可发现早从2006年开始，佛山市教育局为了进一步提高本市中小学课堂教学的有效性、深化信息技术与课程整合、推动教师专业发展，决定每两年便举行一次课例征集与评审活动。其实质是通过课例视频进行教师教学技能评审，但操作过程中遇到的问题是整节课视频太长，且不是录下来的每一分钟都是要点，于是他们仅挑选教学重难点等精彩片段制作成视频，如此在教师间传播则具有更大的学习价值[③]。

2011年，针对现有教育信息资源利用率低的现状，经过佛山市优秀课例评选活动的经验积累，胡铁生在《电化教育研究》中提出"微课"这个概念，认为微课是"微型网络课程"的简称，微课不仅包含各种资源，还涵盖资源对应的教学活动设计，是教学内容与活动形式的结合[④]。相比于彭罗斯提出的微课，胡铁生深化了微课的概念。

在微课概念被广为人知（2011）后大约一年时间，胡铁生所倡导的微课适

[①] 关于开展佛山市中小学新课程优秀课例片段征集评选活动的通知［DB/OL］.［2012-6-17］. http：//Www.fSjy.net/fsjy/gg/wjgb/201011/PO20101122605205513089.doc.

[②] 南方日报.佛山教育局全国首创"微课堂"点击率破5万［EB/OL］.［2011-5-19］. http：//news.southcn.eom/d/2011-05/19/content_24289998.htm.

[③] 胡铁生.中小学优质"微课"资源开发的区域实践与启示［J］.中国教育信息化，2012（22）：65-69.

[④] 胡铁生.中小学微课建设与应用难点问题透析［J］.中小学信息技术教育，2013（4）：15-18.

用对象却悄悄发生了变化：从教师转移到学生。其中有很多影响因素：其一，国外的微课起源表明微课是给学生观看（听）的；其二，教研过程生成大量微课，在供教师评审的同时也可用于学生学习；其三，可汗学院、翻转课堂、慕课的流行对新型学习资源的需求增强，促使微课使用对象发生变化；其四，微课区别于以往课程资源的优点，符合国家推进创新型学习资源建设的潮流。

变化之后的微课可用于学生自主学习，用于课堂教学，用于课后巩固复习，用于习题解答等。其核心也是为了课堂教学，因此我们不妨称之为"学生学习类微课"。

（二）教师成长类微课

2014年，中国学习发展大会称胡铁生为"中国微课第一人"，而称李玉平为著名微课实战专家。在了解教师成长类微课之前，有必要了解李玉平的工作经历。十余年教育教学改革经验及教师专业发展研究过程，使李玉平对教育有了深刻的体会，也形成了他独特的研究体系[①]。在此过程中，传统教研一直显现出低效、无趣、操作难度高等缺点。2011年，他发现让教师们制作小视频来呈现"小研究（小策略、小现象、小故事）"的效果良好，能够使教师爱上自主研究，经过在教师群中的试验与推广，这种新的呈现方式不断地演化，其名称也由"智能课程""微型课程"慢慢变为"微课程"[②]。简单来说，就是围绕一个主题，经过创意化的设计，运用现代信息技术制作成5~10分钟的视频软件[③]。李玉平认为："微课程是把学习内容以好玩的方式呈现出来。现在大家都在进行教育改革，改革真的很累，于是我们就想调整老师的心态，让老师快乐，要学会微笑，要微笑面对生活，微笑地面对课堂。大家也许会意识到我们特别想创设一种如此的情境，把一些学习内容转化成这样的方式，让大家在享受学习，在非常轻松愉悦的过程中完成一次学习，这就是我研究微课程的初衷，也是它原本的样子。"李玉平指出，微课还能用于学生在线自学、教师课堂教学等其他情境。

[①] 李玉平.微课程——走向简单的学习［J］.中国信息技术教育，2012（11）：15-19.

[②] 秦越霞.草根专家"微课程"——访内蒙古鄂尔多斯市东胜区教研中心主任李玉平［J］.
广西教育，2013（8）：54-56.

[③] 李玉平，刘静波，付彦军.微课程设计与案例赏析［M］.北京：中国人民大学出版社，2014.

二、微课的界定

我国微课最早由佛山市教育局胡铁生首次提出，他将微课定义为：按照新课程标准在课堂教学过程中针对某个知识点或教学环节开展教与学活动的各种教学资源的有机组合。另外，他还指出微课的核心内容是课堂教学视频（课例片段），同时还包含与该教学主题相关的教学设计、素材课件、教学反思、练习测试及学生反馈、教师点评等教学支持资源，它们以一定的结构关系和呈现方式共同营造了一个半结构化、主题突出的资源单元应用生态环境[①]。从微课的首个定义来看，首先，它是一种新型的教学资源；其次，它的教学视频是以课例片段为主，可以看出微课的首个定义与其提出的背景紧密相连。胡铁生提出微课概念后，焦建利首次引入国外相对应的概念"微课程"，他指出在国外早已有了"微课程"这个概念，早在2008年戴维·彭罗斯就提出过"微课程"这个概念，彭罗斯将微课程称为"知识脉冲"[②]。而李玉平认为微课程是介于文本和电影之间的一种新的阅读方式，是一种在线教学视频文件。长度在5分钟，由文字、音乐、画面三部分组成，没有解说，大家在优美的轻音乐中，静静地阅读文字，欣赏画面，引发思考[③]。从以上定义可以看出，李玉平理解的微课近似于动态PPT，而非胡铁生所说的课例片段。

随着微课的发展，逐渐产生了两个争论：第一，到底应该称其为"微课"还是"微课程"？第二，微课程到底属于什么范畴？

面对第一个争论，到底应该称其为"微课"还是"微课程"？微课程最初被提出时称微课，但是随着微课的发展，有学者提出称其为微课程更合适，如郑小军等认为："微课程是由一系列紧密关联的微课构成"[④]；黎加厚教授指出："微课需要与学习单元、学生的学习活动等结合起来才是一个完整的微课

① 胡铁生. "微课"：区域教育信息资源发展的新趋势［J］. 电化教育研究，2011（10）：62-63.

② 焦建利. 微课及其应用与影响［J］. 中小学信息技术教育，2013（4）：13-14.

③ 李玉平. 微课程——走向简单的学习［J］. 中国信息技术教育，2012（11）：15-19.

④ 郑小军，张霞. 微课的六点质疑及回应［J］. 现代远程教育研究，2014（2）：48-54.

程"。所以，我们现在将完整的微课称为微课程①。

面对第二个争论，微课程到底属于什么范畴？随着微课程的发展，其自身意义也逐渐发生了变化。微课程最初提出时被称为微课，胡铁生认为微课是根据新课程标准和课堂教学实际，以教学视频为主要载体，记录教师在课堂教学中针对某个知识点或教学环节而展开的精彩教与学活动中所需各种教学资源的有机结合体。随着研究的深入，有学者提出自己的见解，焦建利认为微课是以阐释某一知识点为目标，以短小精悍的在线视频为表现形式，以学习或教学应用为目的的在线教学视频②。黎加厚认为微课程是指时间在10分钟以内，有明确教学目标，内容短小，集中说明一个问题的小课程③。张一春认为微课是指为使学习者自主学习获得最佳效果，经过精心的信息化教学设计，以流媒体形式展示的围绕某个知识点或教学环节开展的简短、完整的教学活动④。郑小军等认为微课是为支持翻转学习、混合学习、移动学习、碎片化学习等多种学习方式，以短小精悍的微型教学视频为主要载体，针对某个学科知识点或教学环节而精心设计开发的一种情境化、趣味性、可视化的数字化学习资源包⑤。从以上学者的定义可以看出，不同学者有不同的见解，有的认为微课程是一种学习资源，有的认为微课程是一种微视频，有的认为微课程是一种学习活动或课程。

而对于这两个争论的产生，主要是因为微课程在其发展过程中，随着学者们对微课程研究的不断深入，对微课程的认识也发生了转变。这种转变可以从微课程发生过程中经历的三个阶段进行探讨，这三个阶段分别为微资源构成阶段、微教学过程阶段和微网络课程阶段⑥。微资源构成阶段，微课程被认为是根据新课程标准和课堂教学实际，以教学视频为主要载体，记录教师在课堂教学中针对某个知识点或教学环节而展开的精彩教与学活动中所需各种教学资源

① 黎加厚.微课的含义与发展［J］.中小学信息技术教育，2013（4）：10-12.

② 焦建利.微课及其应用与影响［J］.中小学信息技术教育，2013（4）：13-14.

③ 同①.

④ 张一春.微课建设研究与思考［J］.中国教育网络，2013（10）：28-31.

⑤ 郑小军，张霞.微课的六点质疑及回应［J］.现代远程教育研究，2014（2）：48-54.

⑥ 胡铁生.我国微课发展的三个阶段及启示［J］.远程教育杂志，2013（4）：36-42.

的有机结合体。这个概念主要是在区域优质学习资源建设的背景下产生的，侧重于把微课作为新的资源建设方式和教学资源类型。随着翻转课堂、混合学习和移动学习等新型学习方式的兴起，微课被认为是以视频为主要载体，记录教师在课堂教育教学过程中围绕某个知识点或教学环节而展开的精彩教与学活动过程。这一阶段不只是关注学习资源，而更多地关注学习活动的过程。翻转课堂也作为微课程主要的教学方式而展开。随着微课程在各大网站的兴起，微课程进入微网络课程阶段，这一阶段微课程被定义为一种以微视频为核心资源和呈现载体的微型在线视频课程，其作为一种网络在线课程而存在。随着微课程定义的探讨和发展的不断深入，微课程经历了不同的发展阶段，但以微视频为核心是始终未改变的。

可见，产生各种争论主要还是因为在微课程的相关定义中，"微视频""微课""微课程"三个概念容易引起混淆，尤其是微课程发展之初存在混用的现象。随着微课程的不断发展，学者们逐渐意识到这一问题，才对其概念进行区分。

笔者认为，"微视频"是指知识点独立、时间短的小视频，在微课或微课程中，是指围绕某一知识点制作的供学习者学习所用的微型教学视频。"微课"是指围绕一个知识点所制作的包括教学微视频、课件、素材、习题等学习资源的组合。微课程是指围绕一个知识点利用微课学习资源进行学习活动的小课程。可以说微视频是微课的学习资源之一，也是其核心学习资源，而微课本身就是一个学习资源的组合，微课程与微课的区别在于强调了学生的学习活动。

关于微课程的定义，笔者比较赞同黎加厚教授的说法："微课程是指时间在10分钟以内，有明确教学目标，内容短小，集中说明一个问题的小课程。微课需要与学习单元、学生的学习活动等结合起来才是一个完整的微课程。"黎加厚对微课程的定义明确了其名称的争议和所属的范畴，区分了"微课"和"微课程"的概念，指出学习单元、学习活动相结合的微课才能称为完整的微课程，而这种定义也明确指出了微课程属于课程范畴，而非微视频或者学习资源。所以，从概念从属关系来说，微视频包含于微课，微课包含于微课程。

在对微课和微课程有一个较为清晰的界定的基础上，为避免混淆，笔者在这里有必要进行说明，本书下文中涉及的"微课"均是指围绕一个知识点所制作的包括教学微视频、课件、素材、习题等学习资源的组合；而涉及的"微课程"均是指包括明确教学活动和学习活动的微课学习。

三、微课的意义与在实际中的应用

家园共育可以简单地概括为家长与幼儿园共同的教育。"共育"一般是指"家长与教师与幼儿园合作""家长与幼儿园进行交流",还有就是"家园联系"等。家园共育并不是传统上的"家长工作",同时也不是以一方为主,另一方进行配合的模式。家园共育的实质在于家庭与幼儿园之间是双向平等地开展活动,双方共同努力形成合力,进而更好地实现育儿的一种方式。家园共育应该是家庭与幼儿园之间相互配合、相互尊重,以幼儿身心健康发展为最终目的的一种教育实践活动,即是由家庭与幼儿园共同来完成孩子的教育。家园共育中,教师的主要任务是:引导家长树立正确的教育观念、帮助家长培养良好的素养与内涵、鼓励家长积极学习育儿知识、促进家长交流沟通共同探讨家庭育儿经验、增强家长与幼儿园之间的合作意识等。

在国内,近年来有关信息技术在家园共育中应用的研究也越来越多。目前信息技术在我国学前教育领域中的应用主要包括三个方面:一是幼儿园的行政管理工作;二是幼儿园教育教学;三是家园共育。常俊英提出基于网络的交互平台充分利用家庭和幼儿园资源及优势,对家园共育具有非常重要的作用。杨婵通过对幼儿园网站应用状况的分析和家长对幼儿园网站在家园共育中的满意度分析,提出针对幼儿园、家长及幼儿园网络平台的解决措施。何磊指出目前家园共育引起广泛关注,但是还存在着很多问题,以某个幼儿园为例,通过一系列研究认为博客圈在促进家园共育中尤其有独特的优势,对于博客圈的问题也提出了应对措施。网络、网站、博客圈等其他形式的信息技术在家园共育中应用的研究。

通过微课与家园共育的结合能够加快家园联系沟通的速度;提高家长教育幼儿的能力;能够帮助促进幼儿的全面发展;教师的专业素养也得到了提升。家园合作共育要真正实现向更深层次、更高水平发展,还要根据时代的变化,信息的发展探索新路径、新模式,通过建立多种家园互动和交流的渠道使家园双方在教育观念与行为上达成共识。

《搭建网上家园平台促进家园教育协调发展》一文中介绍了江西省崇义县城关幼儿园利用搭建网络平台,建立自身门户网站的方法促进家园共育的发展，该幼儿园将网站分为电子邮箱、阳光宝贝、班级主页、视频点播、教学传递、家园互动、保育之窗及交流空间等栏目，给家园联系带来了极大的方便和快捷，实现了信息技术下的高效家园互动[①]。

目前，研究者的关注度在于微信公众号对幼儿园的管理作用，由于当时微课的功能还不够完善，研究者所能进行的研究内容不够丰富。研究者关注于微信公众号在家园共育中的应用，但是对于幼儿园微信公众号推送的微课建设研究相对较少。从国内文献综述的结果来看，目前关于幼儿园家园沟通的研究主要集中在幼儿园的功能与意义、幼儿园网站的现状及存在问题、幼儿园网站的结构设计以及幼儿园网站的建设与管理四个方面。从研究内容的系统性来看，大多只是停留在对其的作用或功能的总结上，也有少部分幼儿园提及对网站的维护以及网站的栏目设置，但是总体来说，实践研究力度不够，且缺乏系统性。

近年来，随着网络技术的迅速发展及Web 2.0时代的到来，信息技术早已渗透到教育领域中，作为基础教育基础的学前教育也毫不例外。一些发达国家早在20世纪70年代就斥巨资进行基于信息技术促进家园共育的实践研究。布兰查德（Jay Blanchard）认为，互联网因为具有庞大的功能，能够促进家庭和学校之间的沟通，实现双向交流；也能够让沟通具有针对性，针对不同的家庭采取不同的沟通方式和不同内容，共同讨论幼儿的教育方法；能够促进家庭和幼儿园之间的情感交流，也解决了因为交流不便而造成的各种误解[②]，还便于幼儿园对幼儿信息进行管理，让更多的家长切实体会到幼儿园的高效管理，也能参与到管理之中，因为信息技术的庞大功能，能够让家长和教师随时随地地进行沟通。家长甚至还能在上班时间，通过手机视频看到孩子的学习和生活状况，还能够和老师共同讨论制订幼儿的发展计划，老师也可以把幼儿的点滴进步和家长分享。如美国"桥梁项目"以电脑为基础的声音信息系统，用于老师和家

[①] 何红莲.搭建网上家园平台促进家园教育协调发展 [J] .中国教育信息化，2010（24）：68-69.

[②] Becker Jonathan D.（2007）.Mind the Gaps：Exploring the Use of Technology to Facilitate Parental Involvement，Particularly for Historically Undeserved Populations.Journal of School Public Relations，28（1）.Winter，pp.155-169.

长之间的沟通交流。该项目启动之初，美国就有285所幼儿园使用该系统。老师通过该系统发送学生的课程、学习实践及家庭作业等简短信息，家长可以随时随地通过拨打电话接听这些消息，教师也会记录家长打进来的电话内容，这些录音会通过电话自动传送给家长。家长不受时空限制，可随时接听该信息。老师和家长之间也可做适时反馈。通过研究发现，积极、高水平的父母参与有助于幼儿的身心全面发展。Facebook是2004年在美国上线的社交网络服务网站，截至2012年5月，Facebook在全球已拥有9亿用户，是目前影响力最大的网络社区，同时它也开展非正式学习和社会化学。《国外Facebook在教育中的应用研究》（苗小勇，2012）一文中介绍了Facebook与第三方软件结合等方式应用于教育领域的例子，并列举如美国伊利诺伊大学图书馆利用Facebook开展服务等实际案例，初步探索了信息化手段在教育领域中的应用前景与效果。*Facebook as a tool for learning purposes*: *Anal sis of the determinants leading to improved students' learning*（Mathews Nkhoma，2015）中，作者对学生运用Facebook这一社交网络平台开展学习活动进行调查，发现Facebook在学生自我学习及学生和辅导员之间的互动中产生了很大的积极影响，但在其他方面也存在一些不可避免的弊端。*Teaching style and attitudes towards Facebook as an educational tool*（Julie Prescott，2014）调查了大学对于把Facebook作为一种学习工具的教学方式和态度，看大学教师是如何运用Facebook的，同样考察了Facebook在学生和辅导员关系中的作用。

从国外的研究成果来看，美国的家园共育系统只是利用多媒体进行合作共育，没有具体谈及微课的运用，幼儿园、保育中心的家长通过实时监控录像与教师进行交流互动，主要关注的内容是婴幼儿的安全，很少有专门论述幼儿园网站的资料。虽然国外也有类似的网络交流平台，但都较少研究、分析幼儿园栏目设置的详细情况及其教育价值，以及园方提供的网站信息在多大程度上满足家长需求等问题。从文献中可以看出，境外不乏将信息技术中的一些普及范围很广的交互平台应用于学校教育的研究，但大多数为大学教育，以大学管理者、教师及大学生为关注群体，很少涉及学前教育，因此将交互平台在高等教育领域中的应用延伸至学前教育，具有一定的可行性与借鉴价值。

传统模式——家园共育

一、家园共育的含义

《幼儿园教育指导纲要（试行）》中提出了家园共育教学理念。家园共育即家长与幼儿园共同完成孩子的教育，在孩子的教育过程中并不是家庭抑或是幼儿园单方面地进行教育工作。"家园共育"意指家庭与幼儿园共同承担育幼工作，并且在育幼过程中通过幼师与家长之间的分工配合来实现幼儿成才的一种具有时代意义的教育实践活动。家园共育是一种协作，"指在两个或两个以上的主体，形成共同的目标，相互合作，为之实现的努力过程"。家园共育是一种互动，"是指个体与个体之间发生的作用和影响"。

综上所述，本书将家园共育归纳为：家长与幼儿园等多方通过协作和互动等方式共同参与幼儿教育，在幼儿成长中起到共同作用的教育实践活动。

二、家园共育的形式

国内传统的家园共育是通过早晚接送沟通、家访、半日开放活动、家园联系手册、家长助教、专题家长会、约谈、家长接待日、班级家长会、亲子游、家长园地、亲子活动、家长委员会、家长沙龙等形式开展的。传统的家园互动方式能够满足一定程度的家园共育的需求，但家长繁忙的工作、快节奏的生活，使教师与家长交流的机会变得越来越少，网络沟通成为家园沟通的新载体，教师们不断通过QQ、短信、微信、微博等信息技术手段丰富家园共育的途径，高效、便捷逐渐成为家园共育的新理念。

家园共育的研究已经被人们广泛重视，并且取得了一定的成果。但随着社会的发展，信息技术水平的不断提升，家园共育的形式和内容也不断更新与丰富，多项方针、政策为创新家园共育形式提供了理论依据，需要教育工作者不断丰富相关经验，探索更加科学的家园共育新途径。

三、家园共育的意义

教育是个系统工程，由幼儿园、家庭和社会三方面共同组成，三者之间互相渗透、互相联系、互相制约。幼儿园与家庭是幼儿生活的两大主要环境，这两者对幼儿的成长都产生了极大的影响。苏联教育家苏霍姆林斯基曾说："没有家庭教育的学校教育和没有学校教育的家庭教育，都不可能完成培养人的这样一个极其细致和复杂的任务。"我国著名教育家陈鹤琴先生曾说："幼儿教育是一种很复杂的事情，不是家庭一方面可以单独胜任的，也不是幼儿园一方面可以单独胜任的；必定要两个方面共同合作才能得到充分的功效。"这些教育名言道明了幼儿园和家庭二者必须同向、同步形成教育合力，才能有效地促进幼儿的发展。《幼儿园教育指导纲要（试行）》指出，"幼儿园应与家庭、社区密切合作，与小学衔接，综合利用各种教育资源，共同为幼儿的发展创造良好的条件""家庭是幼儿园重要的合作伙伴，应本着尊重、平等、合作的原则，争取家长的理解、支持和主动参与，并积极支持、帮助家长提高教育能力"。因此，开展有效的家园共育活动是一项重要的工作，它的意义主要体现在以下几个方面。

（一）家园有效沟通，能达成教育观念、目标、方式上的一致性

幼儿的生活主要集中于家庭和幼儿园，幼儿的年龄特点决定了他受环境与施教者的影响很大，因此家庭与幼儿园教育的理念、目标是否一致，将直接影响教育的效果与幼儿的发展。家庭教育和幼儿园教育就像自行车的两个轮子，两个轮子的方向一致时，能较快地顺利到达终点；反之，如果两个轮子的目标方向不一致，将会消耗大量的能源，而且无法到达终点。如果家庭和幼儿园之间能够有效沟通合作，形成一致的教育目标与教育理念，家长与教师在教学理念和教育的行为方式上保持一致，为幼儿构建起一个和谐的生活环境，就能产生教育共振，让幼儿在家和幼儿园都可以保持同样的状态，达到事半功倍的效果。相反，如果家庭与幼儿园的教育理念和要求不一致，导致双方难以形成教育合力来促进幼儿的有效发展，幼儿将会无所适从，从而导致教育作用的相互抵消，甚至起到反作用，或出现"家园两个样"的情况，无法达到预期的教育效果。

　　幼儿园可以通过家庭教育讲座、家长会、家园联系栏、《家园共育手册》、电话、微信等方式，让家长通过了解幼儿园的培养目标、班级的工作计划、主题活动计划，全面了解幼儿园的教育理念、目标、内容、工作重点，并做出相应的配合。如活动开始前的资料收集、经验准备，活动后的家庭、社区延伸活动，这样将会大大提升教育的效果，让教育达到事半功倍的效果。

　　平日里家长、老师沟通合作，可以及时了解幼儿的情况，共同教育幼儿。在幼儿园内，老师观察、教育幼儿，并将幼儿的情况及时反馈给家长，使家长及时掌握幼儿的动态；同样，老师也可以从家长那里获取幼儿在家时的表现，遇到问题及时解决，具体问题具体分析，对幼儿进行因材施教，让幼儿在老师和家长的正确引导下一步步健康成长。

（二）家园共育可以丰富、整合教育资源

　　幼儿园与家庭都有一个共同的目的，就是培养幼儿成人成才。在这一致的目标下，家园共育可以在很大程度上整合教育资源。

　　为人父母不像许多工作需要上岗证，有职业培训。绝大多数父母都是为人父母后逐步适应这个身份角色，不断学习育儿知识与经验的。指导家长科学育儿，使家园教育形成合力传播科学育儿知识、帮助家长提高教育能力是幼儿园义不容辞的责任，也是幼儿园家园共育工作的核心内容之一。幼儿园可以有效利用宣传媒介，定期举办家长讲座，并邀请比较资深的教育专家前来幼儿园讲课，更新家长们的教育观念，及时指导家长们走出教育误区，提供有效的教育方法。在这当中，家长可以学到科学的育儿理论，也会了解到其他家长优秀的育儿经验。幼儿园就像一个父母的大课堂，在这里，家长们可以得到较多的育儿知识经验、资源，为家长们提供科学的教育理念与育儿方法。

　　同时，家长也是幼儿教育中的合作伙伴和幼儿园教育的重要人力资源。因为家长们来自各行各业，各有才能和特长，幼儿园把这些资源调动起来，将大大丰富幼儿园的教育资源。如我们可以成立家长委员会，让家长参与幼儿园管理，从教育教学、卫生保健到营养膳食、安全管理等各项工作，全方位让家长参与、监督。在举办各大小型活动时，也邀请家长委员参与策划、组织，这样将大大丰富我们的资源，进一步实现家园互动。组织家长参与幼儿园教育，可以发挥父母这一重要教育资源的作用，是家园共育的重要方式。家长参与的方式是多种多样的，家长助教是其中的一种。邀请各行各业、有才能和特长的父母到幼儿园来当"老师"。比如，有的家长是警察，有的家长是医生，有的家长是消防员，有的家长是飞行员，有的家长是电台播音员，他们纷纷来到幼儿园向孩子们展示自己的职业和自己为社会所做出的贡献，组织幼儿开展相关的主题教育活动，让幼儿亲身感受到各行各业的魅力，学习到相关的安全知识、卫生保健知识等。或者请家长们到班上与幼儿共同制作食品、手工，一起开展游戏、娱乐及体育竞赛活动等。这些活动将大大拓展幼儿园的人力资源，开阔幼儿的视野与丰富幼儿园的活动。

（三）家园共育可达到教育互补，提升育儿效果

幼儿在成长过程中接受的教育主要来自家庭和幼儿园，家庭和幼儿园对幼儿的成长都起着至关重要的作用。家庭教育与幼儿园教育看似是独立的，实际上二者具有互补性，在实施教育的过程中会相互影响。幼儿园开设各种课程是依据幼儿年龄特点和认知规律的，让幼儿在生活活动、游戏活动、学习活动中实现体智德美劳全面发展。幼儿园教育相较于家庭教育，更为规范与系统，关注点在幼儿的全面发展上，以及行为、品质和智力等发展上，有助于幼儿身心健康发展。家庭教育与幼儿园教育相比较，灵活性更强，属于"一对一"教育，父母更容易了解幼儿的状况，在发现幼儿有异常时能够及时引导，然后有针对性地安慰幼儿，疏导幼儿的不安情绪，使其具备积极乐观的生活态度。家长和教师分别是幼儿的施教者。家长虽然不是专业的教育工作者，但是对孩子的言传身教和耳濡目染的影响却远胜于教师。家庭教育虽然没有学校教育的系统与规范，但是占据了幼儿教育的起点，决定了孩子真、善、美等价值观的原始取向。幼儿园教育和其他层次的学校教育一样，正规化、系统化、制度化、科学化是它的最大特点和优势所在。幼儿园教育和家庭教育各有优势与局限。幼儿园胜在是系统的且统一的教育，但幼儿众多，不能每一位幼儿都兼顾到；家庭胜在沟通更方便，教育更个性化，但缺乏系统性。因此，只有家庭教育与幼儿园教育二者紧密结合，强化合作共育机制，相互促进、互相补充，才能优势互补，使幼儿的学习经验具有一致性、系统性、互补性，让幼儿在启蒙教育中得到更好的发展。

（四）家园共育可促进幼儿、家长、教师共同成长

有人说："三岁定八十。"这说法可能夸张了一点，但3～6岁是儿童发展的关键期，在这个时期，幼儿受到的教育将对其身心和谐发展产生重大的作用，甚至对其终身发展都有着深远的影响。通过家园共育，一方面，幼儿在幼儿园获得的经验能够在家庭中得到巩固和发展；另一方面，幼儿在家庭获得的经验能够在幼儿园学习过程中得到运用、扩展和提升。所以，家庭教育与幼儿园教育相结合，可以最大限度地形成教育合力，促进幼儿全面发展和健康成长[1]。

同时，在家园共育的活动中，家长们也会受益匪浅。参与幼儿园的家长学校活动，家长的育儿观念和知识会提升；参与幼儿园的家长助教活动，能提升家长的教育技能；参与亲子才艺展演、亲子环保制作、亲子手抄报、亲子阅读沙龙等亲子活动，能提升家长的表演能力、美工技能、阅读水平、讲故事能力等；家委会和家长志工团参与幼儿园的各项活动组织，既了解了幼儿园各项活动的开展情况，又提高了管理能力、协调能力；家长在与教师、其他家长的沟通、合作中对幼儿的年龄特点和发展水平更了解，也提高了社会交往能力，从别人身上学到更多的育儿经验……由此可见，家园共育活动能让家长和孩子共同成长。

幼儿园教师虽然受过专业训练，但家长对孩子的了解比教师要深刻得多，并且在家庭教育实践中也积累了许多宝贵经验，这又是许多教师所欠缺的。当今有不少幼儿家长不仅有较高的文化层次和阅历，而且具有较正确的儿童观、教育观。所以，在开展家园共育的活动中受益的还有我们的幼儿园教师。在家园共育的过程中，教师要不断提升自身的专业知识和能力，不断进步才能胜任孩子的教育工作和家长的引导工作。在家园合作的活动中，教师们的教育理念、教育方法、教育艺术也会得到提升和发展。

因此，创建合作、和谐、一致、互补的家园共育环境，家园建立平等合作的伙伴关系，互相沟通，密切配合，形成共育局面，将达到最好的教育模式，为幼儿的全面发展奠定基础。构建新时期家园共育模式是非常重要的。

四、正确看待家园共育

《幼儿园教育指导纲要（试行）》指出，幼儿园应与家庭、社会密切配

---

[1] Becker Jonathan D.（2007）. Mind the Gaps：Exploring the Use of Technology to Facilitate Parental Involvement，Particularly for Historically Undeserved Populations.Journal of School Public Relations，28（1）.Winter，pp.155-169.

合，共同为幼儿创造一个良好的成长环境。这就要求幼儿园在平等、尊重、合作的基础上，利用多种形式加强与幼儿家长的联系，围绕幼儿的健康成长实现家园互动、家园同步。为实现家园的互动和同步协调施教，家园之间要以幼儿的成长为中心保持沟通。社会的发展日新月异，丰富传统家园共育模式，建立符合现在教育发展，能够促进幼儿身心健康发展的家园共育新模式。

以往的幼儿园家园共育基本上采取语言上的沟通形式，如书面表达和口头表达来进行交流。而如今信息技术发展迅猛，家长使用网络的频率越来越高，甚至有的家长每天"机不离手"。近年来由于无线Wi-Fi和5G网络的普及，人们在社交中越来越多地使用视频方式进行沟通交流、表达情感、传递信息。近两年教学模式的改革，微课的兴起，让我们课题组开始考虑如何将微课作为桥梁，更好地连接家庭和园所，使双方的沟通更为通畅、多样化、趣味性，促进家园有效沟通。

（一）传统家园共育存在的问题

家园共育，顾名思义，"家"和"园"缺一不可，是双方共同履行责任和义务一起完成幼儿的教育。《幼儿园教育指导纲要（试行）》中指出：家庭是幼儿园重要的合作伙伴。幼儿教师应本着尊重、平等、合作的原则，争取家长的理解、支持和主动参与，并积极支持、帮助家长提高教育能力。而园所方面应充分利用家长的优势，共同实现家园共育。

随着我们的工作经验的丰富、阅历的增长，逐渐发现传统的家园共育也存在着一些问题。

1. 在家园共育中双方地位不对等

在家园合作中，我们往往发现，一般是幼儿园给幼儿教师布置任务，幼儿教师进而要求家长配合幼儿园的各项工作，家长能动性方面有所欠缺，很少去考虑家长的需求，在关系上处于园所"安排任务"，家长"执行"，基本上处于服从的状态。又如，幼儿教师在与家长沟通时，没有换位思考，由于自身专业水平普遍高于普通的家长，有的幼儿教师只顾"说教"，没有跟家长共情，没有跟家长建立愉悦的关系。因而，不管教师多么"苦口婆心"，家长只是"消极地受教"，随着时间的推移，不但没有改善家园友好关系，反而逐渐产生厌烦的情绪，使家园离心。

2. 家庭教育重视"结果"，忽视非智力因素的开发

在传统的教育中，家长的观念是幼儿在园能学什么、能学会什么。比如，会多少个字、多少个拼音、多少道算术题，成为家长衡量幼儿在园的学习质量，成为家庭之间互相攀比的筹码，只重视眼前幼儿能为自己增添多少光彩，往往忽视了非智力因素的培养。例如，忽视了幼儿主动性、创造性、坚持性等方面的学习品质的培养，忽略了培养幼儿学会做人、学会感恩、学会交往、学会自理等方面的能力。这些虽不如会背几首诗来得明显，但这些都是隐性的，影响着幼儿一生的发展。

3. 在指导家庭教育时，幼儿教师生搬硬套

有的教师在进行家庭教育指导的时候，从网上、杂志上摘抄一些文章对家长进行单向的讲授，对家长进行"填鸭式"教导。内容空洞，没有贴合幼儿的发展和个性特点，缺乏针对性，使得家长很难理解高深的理论，难以发表看法，难以根据自己孩子的特点学以致用。因此家长逐渐"听听就好"地应付教师，很难转化为内驱力，很大程度上影响了家长的积极性和主动性。

4. 家庭教育忽视幼儿身心健康的发展

越来越多家长把特长教育作为孩子教育中的重点，舞蹈班、书画班、思维班、体能班等占满了幼儿的时间，家长不管幼儿兴趣如何，认为学得愈多愈好，凡事不能输在起跑线上。这忽略了幼儿身心的健康发展，使幼儿童真、纯粹的童年时间愈来愈少，即使终于在各类兴趣班抽身而出得到的闲暇时光能进行游戏，而有时候提供给幼儿的游戏也不是真游戏，影响了幼儿注意力、观察力、想象力等能力的发展。

（二）建立良性的家园模式，促进有效的家园共育

基于存在的这些重重问题，我们课题组也进行了反思，提出了一些好的建议。

1. 加强家园沟通

家长要多跟班上教师交流，不要等幼儿有了问题才想着如何解决。双方应为沟通营造轻松的氛围，在看待幼儿的时候应客观地进行分析。只有当教师和家长多交换意见，全方位地了解幼儿，才能给出更贴心的教育指导。

2. 换位思考，将心比心

教师不是一个人的教师，一个班有三四十人，请家长不要用"保姆"的身份来看待幼儿教师，觉得教师就应该为你一人服务，多给教师一些宽容和耐心，如果您是一位通情达理的家长，想必教师也非常乐意与您侃侃而谈。有时候，幼儿受了委屈，受了一点小伤，教师比家长更不愿意看到这样的情况，在家庭中多个大人去照顾幼儿也会产生疏忽，更何况教师要照料一个班的幼儿。因此家园沟通的时候，家长可以多从教师的角度考虑问题，对事不对人，对教师好的一面给予肯定，共同找出问题所在。让教师感受到家长的认可，这样，她才会觉得自己对孩子的爱护是值得的，也会对自身的工作更加严谨。

3. 把老师当作朋友，多点信任

人是社会人，一个群体总是联系在一起，一个人活在世界上，总有他们存在的价值，当你的开心、痛苦都有人与你分享、分担的时候，你就不会觉得那么孤单无助。老师，除去这个神圣的身份外，也是人。人与人之间能够成为朋友的最基本的基础是信任，有了信任，家长才有可能跟教师成为朋友，当人与人成为朋友的时候，在沟通交流的时候才会更加地顺畅，才愿意去听取幼儿教师的建议，提出自己的看法，更好地支持幼儿教育。

4. 多关心隔代教育

现在的父母工作时间很长也很累，"996""白加黑"，幼儿时期的教育可能更多的是由家中的老人承担。隔代教育有好的一面，也有不好的一面。不管怎样，做事情的出发点都是为了孩子，希望孩子过得更好，但是在实际生活中一定要把握好分寸。老一辈有老一辈的教法，陈腐的部分应该摒弃，而有时候老人家并不理解现在的一些教育理念，不能理解教师的教育方法，而父母虽然忙，但也要尽可能地参与到幼儿的成长当中来，多了解自己孩子的情况，在老人和幼儿教师之间搭建沟通的桥梁，互相理解，逐步接纳。

5. 教师应认真对待家园共育

家长工作是幼儿园工作的重要组成部分，想要做好家园共育，除了需要家长的积极配合，教师方面的影响也是十分重要的。教师应认真对待家长工作，健全家长工作制度和制订好家长工作计划，重视并坚决落实好相关的工作，多聆听家长的想法，使家长工作做得更规范，更细致，更贴心。

6. 引导家长树立正确的教育观

两个人如果观念不一致，不管你的初心是多么想让对方好，在对方的眼中都不是他想要的，你的用心、苦心只能石沉大海。因此要想做好家园共育，需让家长认可幼儿园的教育理念和宗旨，用教师的人格魅力和多年的一线教育经验"征服"家长，使家长逐步树立对教育的信心，树立正确的教育观，此事切不可马虎应付。

7. 教师应树立正确的家长观

我们每天面对着各具个性的幼儿，他们身后是数十个迥然不同的家庭。而教师以什么眼光看待具有不同职业、不同性格、不同文化修养的家长时，也会影响着教师用怎样的态度与行为对待家长和幼儿。而这将直接影响到家园共育的成效。因此，教师对于家长的家长观念应是彼此平等的，起主导者的作用。

8. 园长在家园共育中的定位

园长是幼儿园的一园之主，虽说不是直接参与每个班上每个幼儿的教育，但是园长的理念、立场、话语权会深深地影响家园共育的发展。园长在家长工作中如何帮助教师，如何引导家长信任园所，都是一门高深的学问。而不是只要一投诉，就是教师的错，试问，跪着的教师如何教得出顶天立地的孩子？因此园长也需转变观念，从而带动教师观念的改变，成为教师和家长工作之间的润滑剂。

9. 明确家园共育的目的、任务

实现家园有效共育，不能再像以往那样布置作业，口头交代几句就完事，而是大家都要奔着促进幼儿健康、和谐发展的目标而去努力。教师应给予家长充分表达想法的机会，让家长对幼儿园的相关工作更加了解，认识到幼儿期家庭教育的重要性，帮助家长端正和更新教育理念，开发幼儿的智力，培养非智力能力，把游戏还给幼儿，让幼儿真正成为游戏的"主人"，在游戏中学习和发展，积累经验，学会解决矛盾，让幼儿在玩中学、学中玩。

（三）建立家园共育的新型模式，促进幼儿发展

随着科学技术日新月异的发展和成人工作生活处境的改变，如果把最近几年发展起来的微课也引入家园共育之中来，或许能产生化学效应，擦出别样的火花。

1. 积极的教育价值

微课的出现改变了传统的课堂教学模式，加入了灵动的视频手段，利用互联网的开放性和易传播性，无疑使得家园共育的呈现方式更加灵动。互联互通的沟通方式深受家长的喜爱。家长可以通过微课了解幼儿园的各项工作，查看先进的教育心得,从幼儿教师分享幼儿的点滴中了解幼儿的成长,更有效地获得家园互动的信息,更积极参与班级工作。家长也可自行录制上传微课,与教师和家长一起分享幼儿的点滴进步,交流育儿方面的知识,这不仅能够激发幼儿的学习兴趣,还能增强家长参与家园共育的存在感和自豪感,在活动中创造快乐,收获成长,使幼儿从被动的灌输式教育中解放出来,在活动中充分发挥主观能动性,使家长看到幼儿的进步,树立信心。有目标、有计划、有实施、有反馈,使整个家园共育模式"活"了起来,具有极大的积极作用和教育价值。

幼儿园通过引入微课开展家长工作,教师及时地上传幼儿在幼儿园里的状态;上传幼儿园举办的各种有趣的活动;共享生活学习场景,当家长看到这类信息后,了解到幼儿在幼儿园过得开心,对幼儿园逐渐放心。家长还能够在班级群或者幼儿园微信公众号发布的微课下面参与评论,这些经过园方精心安排的有意义的活动,经过网络的传播,使得家长们与其他潜在的观众能够直观地了解到幼儿园的办园理念和宗旨。

2. 弥补教育方面的缺失

现在的父母工作压力大,忙于养家糊口,陪伴孩子的时间较少,很多家庭都是由长辈照看孩子。而微课具有灵活性,能够弥补这方面的不足。父母下班后运用微课,就能够看到教师们制作的手工、游戏、育儿经验分享等视频,可以灵活地根据自己的时间,利用微课和幼儿游戏,了解幼儿的学习动态。父母也可以和老一辈通过微课学习到先进的育儿观念,明白时代不同了,方法也要更新,了解怎样做才是真正对孩子好。经过一个学期的积累,假如孩子在某方面还有不足之处,家长能够在微课之中找到相关的教育经验和帮助,可以弥补教育方面的缺失。

3. 及时解决幼儿的家庭个性问题

搭建微课这一桥梁,让幼儿的信息能够在家长和教师之间互通。家长能够借助微课,记录幼儿在家中的一些生活习惯并传递给教师,教师借助这些信息,更能够全方位地分析幼儿的个性,帮助幼儿改掉不良习惯,而家长也能够从中学习到如何配合教师,实现共赢。

4. 促进幼儿教师专业化的提升

教师在微课的制作过程中,需要深刻地思索教学的内容和目标,在短小的微课中,充分研究透教学的重点和难点,根据教学的目标和幼儿的情况,将合适的内容上传到微课中，利用不多于5分钟的时间将重点表达出来。教师要不断提升自身讲解知识和总结的能力，利用浅显易懂的语言，在保证逻辑性的同时，让幼儿及其父母都能够很好地理解微课的内容，同时要充分熟练地运用好先进的信息技术，利用手机录像、屏幕的截屏与录屏、PPT演示等技术，经过后期剪辑，让文字和图像都能同步生动地呈现出来，制作出精良的微课内容。通过制作微课，让教师的能力逐渐提升，慢慢从一个学习者转变成一个创造者，不断开发和创新微课的内容，增强将学科和信息技术进行综合处理的能力，使教师不断地在细节上进行发现、思考、追问和改变，牢牢把握住新时代的脉搏。

5. 完善新型家园共育模式

我们将积累的第一手资料使用微课加以保存，这将为幼儿教育方面的研究工作积累大量的资料，在研究之后，我们可以逐步掌握系统性信息，可以把这些信息依据学科领域、教育问题领域、年龄特点等进行适当划分，可以在教师同行之间进行交流和分享，使更多社会成员受益[①]。在沟通交流中结合同行的建议，不断地完善我们的交互模式。

加入微课元素的家园共育模式更倾向于互动发展模式，且形式丰富多样。在大家齐心协力的合作下，家园共育工作得到了较好的发展，同时也改变了大家对开展家长工作的认识，促进了家长与教师间的相互理解、尊重、信任和合作，使两者关系变得更柔和温暖。同时也可整合各种教育资源，使资源得到很好的利用，推动孩子的健康发展。

每一样事物都有着积极的一面和消极的一面，家园共育亦是如此，只有当我们建立了良好的家园关系，以平等的地位沟通幼儿的情况，做好各自承担的责任和义务，正确看待家园共育，而不是趾高气扬地凌驾其上，才能在家园共育的纽带中促进幼儿健康成长。

---

① 沈璐. 在微课中实现"家园共育"［J］. 考试周刊，2017（77）：158.

优势互补——方式与模式向最优结合

一、互联网迅速发展带来的新模式

党的十八大以来，教育体制改革不断深化。互联网的发展使得幼儿教育改革和创新成为必然，是对传统幼儿教育的有效补充，促进了幼儿教育发展，重塑了幼儿教育生态。转变幼儿教育观念、完善幼儿教育设施、提升幼儿接受能力，让幼儿教育得以更好发展。唯有如此，才能让幼儿教育行稳致远。转变幼儿教育观念，勿将其当成义务教育适应阶段，让传统幼儿教育迸发活力。"百年大计，教育为本"，幼儿教育对于我国基础教育的发展意义重大。信息化时代，互联网以前所未有的速度席卷而来，让传统幼儿教育受到冲击，幼儿教育生态在不断重塑。倘若能充分认识互联网技术是幼儿教育变革和创新的模式，是对传统幼儿教育方式的有效补充，从而让幼儿教育从封闭走向开放，实现幼儿教育资源的整合和优化，让更多小朋友享受到优质的幼儿教育资源[1]。转变观念，充分认识"互联网幼儿教育"，才能迸发活力、引领发展。中华民族历来重视教育发展，从2000多年前孔子提出的"有教无类"，到隋朝开始推行的科举制度，再到1952年开始实行的高考制度，千百年来，中国孜孜不倦地追求教育事业的发展。大数据时代，随着互联网技术的发展，幼儿教育行业也毫不例外地进行变革，开始产生新的幼儿教育模式。

---

[1] 张静文，陶凤梅.浅析移动"互联网"技术发展对我国教育的影响[J].浙江工商职业技术学院学报，2017（4）：63-66.

（一）互联网时代给幼儿教育带来的优势

当下，"互联网+教育"是一个热门话题。互联网拥有宏大的资源、方便快捷的运用方式和良好的交互功能，普遍适用于教育范畴，为教育创立新的设计、开发、应用、管理和评价的形状。随着新技术、新设备的不时新陈代谢，学习的方式方法、教育的外延内涵都发生了很大变化。互联网的发展对幼儿教育影响深远。

1. 幼儿教育突破时空局限

使用互联网在教育的初期是近程教育，任何人都可以在任何时间、任何地点、从任何书本开端学习任何课程。除此以外，学习者还可以自己掌握学习进度。互联网技术的提高，有效推进了教育的开展。教师可结合线上，利用教学平台，应用网络技术近程掌握和管理学生的学习状况及学习才能，这在一定程度上打破了传统教学限制。网络教育灵敏、方便、多样，在教学形式上间接表现了学习和自动学习的特点，充分表现了在互联网时代，教育突破时空限制的根本规则。对于幼儿教育来说，教师通过网络可以让幼儿通过音频、视频远距离观看平时幼儿活动难以接触到的内容，培养幼儿的兴趣。

2. 完成教育双向互动、实时交互形式

互联网时代的教育最重要的一个特性是具有良好的交互功能。在网上应用各种网络平台、App等，通过教学平台，教师和幼儿监护人可以随时展开片面的、能动式的实时互动，对幼儿教育问题进行探讨，也可以通过网络远程功能与幼儿展开互动，经过幼儿与教师在线互动和学习，同时可以经过平台进行交流、互动、完成作业等，同传统的幼儿教学形式相比，更注重幼儿的自动性以及教师与幼儿、幼儿与监护人、幼儿与幼儿之间的互动性，拉近了教师与幼儿的心理间隔，增加和扩大了幼儿与教师的交流时间和范围。互联网时代的幼儿教育不再是传统幼儿教育中的以教师为中心、以课堂为中心，而是以幼儿为中心。

3. 提供个性化教学，效率极大提升

在互联网时代的教育中，教师运用网络技术开展教学，一方面，可以对每位幼儿的身心状况和阶段状况、测评结果进行更好的零碎跟踪记载、储存；另一方面，教师可依据零碎记载的幼儿身心状况、学习才能，开展针对不同幼儿的个性化教育建议、指点教学和指点方案等活动。互联网时代的幼儿教育为个性化教学提供了理想的完成办法和条件。此外，现代人越来越注重幼儿个性化

教学。学校教育幼儿也不能都依照以往单个规范①。研究证明，一个人成才或成功的一个重要因素是幼儿时期培养的爱好及兴趣。因而，在幼儿阶段培育幼儿的个体兴趣也是教育的一项重要任务。互联网时代的幼儿教育学习方式灵敏多变，可选资源充沛丰厚，为幼儿个人兴趣的开展提供了充足的发展空间。

4. 教学内容丰厚、教学课件生动多样

在互联网时代，教师可以通过文字、声响、图表、视频、动画等经过网络多媒体方式，更加形象直观地展现出理想生活中无法看到的各种各样的场景。应用互联网技术，一方面，教师可制造生动多样的教学课件来开展教学，进一步提高幼儿的学习兴趣，消除传统教学方法给幼儿带来的疲倦感和单调感。另一方面，幼儿可以接纳更丰富多样的知识，更好地吸收知识和成长。

5. 优化教学资源，完成资源共享

互联网时代的幼儿教育结合了优质幼儿园教育资源，随着互联网技术的迅速发展，这些幼儿教育资源可以随时更新和补充，及时反映出最新的幼儿教育成果，把这些成果编入幼儿教学内容中，幼儿即可学习知识。在网络上进行幼儿教育资源共享分为三个方面：一是课程资源经过链接或二维码分享出去，教师或者幼儿监护人点击链接或扫描二维码即可接受少量的课程内容；二是网络资源共享，互联网自身是一个宏大的资源库和知识宝库，这个资源库可为幼儿提供学习便利，扩展幼儿的知识面；三是对幼儿教学中难点、疑点解答的共享，幼儿教育所遇到的难点，教师解答了，其他有相似问题的幼儿监护人也可以通过互联网进行参考。互联网打破了威望对知识的垄断，让幼儿教育从封锁走向开放，人人可以发明知识，人人可以共享知识，人人可以获取和运用知识。这是对传统幼儿教育根本性的颠覆。

（二）互联网幼儿教育的缺点

1. 行业鱼龙混杂，缺少规范

目前的互联网幼儿教育正处于发展期，资本大量涌入，水深鱼多，参差不齐。虽有优质的专业幼儿教育机构，但是阻碍幼儿身心发展的、打出教育的

---

① 王圆圆."互联网+"背景下MOOC的发展及对我国高等教育的影响［J］.兰州教育学院学报，2017（10）：89-90.

噱头赚钱的幼儿教育机构也不在少数。总的来说，行业缺少一定的规范，入门门槛太低，甚至任何一个有成本支持的个人都可以进驻互联网幼儿教育。所以，整个行业的信任度并不高，幼儿监护人选择幼儿教育机构需要多多考察。当然，这是互联网幼儿教育本身发展阶段上的一个问题。随着行业的越来越成熟，行业规则也必定会越来越完善。

2. 缺少必要的情感交流

在传统教育下，与幼儿面对面，教师能快速掌握幼儿的知识掌握情况与心理状态，能进行语言、行动上的情感交流，幼儿能真实感受到教师的人文关怀，有助于其身心发展。但互联网幼儿教育让幼儿与教师的距离变得更远，幼儿有可能面对的是一个冰冷的机器，教师也很难了解幼儿的身心发展状况，情感上的交流还是需要人与人之间面对面交谈才能获得，这也是网络幼儿教育很难解决的一个问题[①]。

3. 自闭性学习

虽然目前的互联网幼儿教育越来越完善，一些直播模式也支持视频语音的实时互动，但幼儿学习本质上还是一个人在电脑或手机上完成学习。幼儿作为身心发展不成熟的人，需要一个真实场合，需要切实感受来自教师的关怀，目前的互联网幼儿教育还不能很好地解决这个问题。

4. 不适应幼儿身心状况

不像传统幼儿教育，课堂上有教师盯着，老师对幼儿有一定的威慑、督促作用，在很大程度上可以帮助幼儿集中注意力，使其认真参与学习活动。网络幼儿教育完全依靠幼儿的自主性，一旦监护人疏于看管，身心发展不成熟的幼儿很难控制自己将注意力集中于知识上。隔着网线，教师很难对幼儿有监督、威慑的作用，因此幼儿教学效果和幼儿学习状态有很大的相关性。尤其是3～6岁的幼儿，生理、心理上都相当不成熟，对学习没有自我意识，学习欲望不强烈，单纯依靠网络教育去学习或者培养兴趣，不太现实。

---

① 王佳. "互联网+" 对现代职业教育模式发展的影响研究［J］. 信息与电脑，2017（12）：
  223-225.

（三）互联网时代对传统幼儿教育模式的改变

1. 幼儿教育从封闭走向开放

传统幼儿教育中，幼儿大多只能从教师的讲解中获得对外界的认识，这样既不主动，也相当费时。而互联网让幼儿教育从封闭的教育环境走向开放的教育模式。互联网打破了权威对知识的垄断，让幼儿教育从封闭走向开放，人人能够创造知识，人人能够共享知识，人人能够获取和使用知识①。在开放的大背景下，全球性的知识资源通过互联网连接在一起，使人们随时随地都可以获取他们想要的学习资源。知识获取的效率大幅提高，获取成本大幅降低。幼儿监护人可以通过互联网获取幼儿教育资源。这也为终身学习的学习型社会建设奠定了坚实的基础。

2. 打破教师和幼儿的界限

在互联网的推动下，教师和幼儿的身份地位也在逐渐调整。在传统的幼儿教育生态中，教师是知识的权威来源，幼儿是知识的接受者，教师因具有知识量多的优势而获得幼儿教育课堂控制权。在"校校通、班班通、人人通"的互联网时代，幼儿监护人获取知识已变得非常快捷，幼儿教育主导权已不再完全受教师控制。师生间知识量的天平并不必然偏向教师。另外，互联网极大地放大了优质教育资源的作用和价值，从传统上一名优秀老师只能服务几十名幼儿扩大到能服务几千名甚至数万名幼儿。

3. 大班教学

互联网时代，教育以免费为主、无地域性、时间宽松；线下特性：付费为主、强调地域性。教育可以是在线上与线下教育同时进行。对幼儿教育来说，也是如此。互联网时代幼儿教育最大的特点是可以使幼儿学习在线上实现，并且将不同地区的幼儿集合到一个地方集训，且成本低廉。我们经常参加一些大型的公开课或者演讲课程，但将举办的地点放到线上的话，就不需要烦琐地进行寻找场地、现场布置、人员安排以及现场设备的调试等，能够腾出的时间以及可控性大大增加。在线幼儿教育中，大班的教学就是以公开课或者直播课程为主，而且一般是免费的，因为大班的授课模式很难照顾到每位幼儿的需求，

---

① 吴小娜.互联网发展对促进教育变革的影响研究［J］.传播力研究，2017（6）：212-213.

所以教师只能按照自己的判断来进行授课，因此课程更多地倾向于基础课程，进而一直到深造课程，是教育知识普及化的阶段。如果大班授课是付费课程的话，那么价格会普遍偏低，但好处在于，教师的课程能够重复利用，也可以为后期免费做准备。线下大班授课课程是无法复制的，每堂课有限制人数，所以在普及性上，线下是无法与线上相比的，这也是大部分传统教育机构的课程很少用大班授课的原因之一。

（四）互联网时代给幼儿教育带来的新模式

互联网幼儿教育有着巨大的市场潜力，正在成为很多商业投资追逐的热点。然而，作为新兴事物，互联网幼儿教育还没有形成成熟的运营模式和盈利模式[①]。国内受制于体制、环境、技术等因素影响，互联网幼儿教育模式还相当初级，总结近年来出现的互联网教育新形式，概括如下。

1. 内容形式

将内容生产作为幼儿教育的核心竞争力，互联网只是作为内容传播的平台，通过将教学内容放在互联网上，从而吸引人气、赚取流量、获得创收的模式，其内容形式包括视频内容和文档内容，二者平分秋色[②]。

2. 平台模式

以提供平台作为幼儿教育新模式运营的侧重点，幼儿教育网站本身不生产内容，仅仅是为资源和用户之间创建链接的平台。比如，在线幼儿教育，根据服务对象不同，又分为四种类型。

（1）C2C模式。即个人对个人的交易平台，个人可以作为资料提供方，通过教育网站发布自己想要发布的内容，同时，个人也可以作为资料索取方，通过教育网站得到自己想要得到的知识。

（2）B2C模式。即教育网站对个人的模式，教育内容提供商负责生产内容，通过教育网站平台直接提供给用户。这种模式的教育产品有很多，如沪江网校。

---

① 况敏. 互联网+时代的慕课发展趋势及对我国高校教育的影响［J］.信息化建设，2016（10）：153，155.

② 郑慧仪. "互联网+"发展对终身学习的影响——基于职业教育领域［J］.当代继续教育，2017，35（194）：75-79.

（3）BSC模式。这种模式的主体包括教育内容供应商、教育平台供应商、用户，教育内容供应商将内容提供给教育平台供应商，由教育平台供应商负责发布，然后用户才能对内容进行消费。在这里，教育内容供应商只负责内容的提供，教育平台供应商则负责平台的技术维护，拉拢优质教育资源以及保证网站能够吸引足够多的幼儿。

（4）B2C+O2O模式。即教育机构到个人，线上到线下模式。依靠B端的教育品牌优势和师资优势，吸引用户先到网上进行注册，然后进行线下体验，最终建立起机构和个人的连接。这种模式运营的关键在于线上和线下的相互转化，尤其是线上资源向线下的变现，是非常难实现的，需要幼儿教育机构有较强的运营能力。

3. 社交模式

社交模式注重社交功能，通过各种社交软件的使用，使幼幼、幼师、师家之间能够更为简单快捷地沟通交流。如现在学习社群的建设就是这种模式。

4. 工具模式

此类在线幼儿教育产品主要是提供各种有助于辅助幼儿学习的工具，形态比较分散，功能较为单一。代表作品有专门帮助幼儿记忆简单英语单词的"小朋友"，用来做幼儿监护人记录幼儿成长笔记的印象笔记等。这类网站功能较为单一，只针对幼儿专门领域开发，形式正在走向多样化[1]。

（五）结论

在中国，在幼儿教师行业里不乏专业技术的人才，但具体到个人，如作为农村地区的一线幼儿教师，由于信息获取渠道的限制，专业培训的缺失，往往缺乏与群体尤其是与其中最优秀个体进行有效互动和协同的通道，难以便捷连接和充分共享教师群体智慧[2]。但是通过互联网，教师可以把教育教学活动过程中遇到的问题，很快地反映到相关的平台或者讨论组中，不管身在何地，只要有互联网，就可以快速地交流并解决问题；教师与教师之间共同分享教学智

---

[1] 李志民. 互联网发展对于大学教育变革的推动与影响 [J]. 广州职业教育论坛，2015（2）：1-3.

[2] 同①.

慧和教学成果，促进了教师的个体发展。

不仅如此，在教师与家长的沟通和交流中，互联网也有着重要的作用，以往的教师与家长沟通交流的方式一般都是通过家长会和打电话的形式，现在通过互联网，教师与幼儿监护人的交流和沟通更方便，更有助于教师与幼儿监护人及时了解幼儿多方面的动向和信息。

互联网为我们展示了未来幼儿教育的美好前景，但教师专业的发展与转变不能一蹴而就，而是循序渐进的，它满足了幼儿不同年龄层次的教育需求，给幼儿教育界带来了新的生机。面对机遇和挑战，教师要抓住机遇，进一步加强培训学习，不断实践，将互联网技术和幼儿教育有效融合，为教师专业发展贡献智慧和力量。

二、微课在家园共育中的作用

微课是信息时代计算机技术与教育教学深度融合的产物。家园共育是一种围绕幼儿健康成长而搭建的家园互动模式，家园共育也是幼儿园与家庭互动、合作的基础。促进幼儿成长不是家庭或者幼儿园单方面的任务，家园共育，才能为幼儿健康成长提供良好的条件。在"互联网+"时代，微课也成为家园共育的重要载体之一，同时弥补了家园共育中家园互动的不足，也为家园共育注入了新的活力，对于家园共育的探索和创新发展起到了积极的推动作用。

（一）利用微课优化家园共育的环境

《幼儿园教育指导纲要（试行）》明确指出：幼儿园应与家庭紧密合作，共同为幼儿的发展创造良好的条件。从中我们可以看出，家园互动、合作的重要性。家园共育如今已经成为幼儿园与家庭合作的一种重要方式，家园共育的一个重要方面就是让家长了解幼儿园教育，让家长积极主动地走进幼儿教育，围绕幼儿成长营造一个宽松、和谐的教育和沟通环境，以促使幼儿健康成长。微课具有参与性和互动性较强等优势，利用微课，我们可以搭建新型家园共育平台，营造及时反馈、人人参与的家园共育环境，让幼儿快乐成长，让教师和家长都真正参与到家园共育中来。比如，如今人们的生活节奏非常快，许多家长面临着巨大的工作压力而无暇顾及孩子，许多孩子都是爷爷奶奶陪伴长大的。有的家长即便有时间，但是他们缺少与幼儿园互动的渠道，对育儿也不知道从何做起，只能以课本为主。微课出现后，这种情况明显得到了改善。如借助课堂教学所用微课件，家长可以了解孩子在园学习的内容。根据教师提供的微课，了解更多的育儿知识，孩子在园表现、存在的问题和困惑，增进对孩子的了解。

（二）用微课搭建新型家园共育平台

在传统家园共育教学模式下，幼儿园和家庭对幼儿的教育教学工作更多地依赖于语言的单一载体，通过言传身教的方式来完成家庭和幼儿园对幼儿的教育。微课作为一种新型的教育教学载体，能够以一种声情并茂的方式融入幼儿教育的全过程，使幼儿在接触单一的语言教育载体以外，能够有机会接触到声音、图片、动画等多元化的要素符号，从而能够收到更为理想的家园共育效果。例如，2020年疫情期间，我园（肇庆市直属机关第二幼儿园，以下简称"我园"）拍摄"洗手操"微课，让幼儿在复课前在家里通过生动有趣的儿歌和律动轻松地掌握了七步洗手法，真正做到爱洗手、勤洗手、洗净手，回园后，教师也能通过微课让幼儿了解洗手防护的重要性，让幼儿在家园都养成爱洗手这个良好的卫生习惯。

1. 微课增强家长与幼儿之间沟通和交流的灵活性

相对于传统家园共育模式下家长与幼儿之间的语言沟通而言，微课让幼儿体会到家长的另一面。家长不仅能够与幼儿建立简单的语言交流关系，而且能够通过共同关注的图片、音乐、动画来创造更多的交流节点，从而有了更多与孩子沟通的话题和兴趣爱好。如果幼儿乐于同家长进行深度的交流，家长就更容易了解幼儿的心理变化以及兴趣爱好等特点，从而在教育过程中能够有针对性地教育和引导幼儿，使家长与幼儿之间的关系更为融洽。

2. 用微课来搭建家长与家长、家长与教师之间交流的平台

幼儿教育是一门复杂的学问，在教育过程中，每一名家长都有不同的感受和经验，对于家园共育教学模式而言，不仅需要家长与家长之间能够积极地沟通幼儿教育的经验，而且需要家长与教师之间经常开展交流和沟通，从而实现幼儿教育教学模式的最优化。微课的设计与使用恰恰能够把幼儿教育的过程和经验以一种更为直观的方式呈现出来，这样就能打破传统家园共育模式下家长与家长、家长与教师之间的语言交流壁垒，使家长能够通过微课中的图片、视频等了解到孩子在幼儿园的表现，为更好地参与家园共育奠定良好的基础。

特别是在2020年新冠肺炎疫情期间，我园根据教育部提出的"停课不停学"精神，从《幼儿园教育指导纲要（试行）》《3～6岁儿童学习与发展指南》出发，结合疫情防控、立足家园共育，组织教师们网上集体备课，制作PPT课件，录制视频、音频等开发了一系列寓教于乐的微课小视频，推出以"亲子互动宅家抗疫"为主题的线上课程。包括：① "二幼亲子微课堂"；② "抗疫食谱"；③ "抗疫资讯"。其中"二幼亲子微课堂"包括健康教育、新闻播报、亲子小游戏、科学小实验、运动小宝贝、艺术领域、故事妈妈FM七个板块。让孩子和家长关注全国人民如何万众一心抗击疫情，并通过绘画、歌舞等形式表达对新冠疫情的认知以及对一线医护人员、一线志愿者的致敬。提高家长与孩子的互动交流能力，同时收集家长和幼儿居家生活学习的素材，老师指导家长、幼儿一起制作亲子微课。利用微信公众号推出微课和推文250多个（篇）。为孩子们准备了丰富的"精神大餐"，为家长提供了专业的育儿指导，为同行提供了借鉴参考。组织各班班主任与每位幼儿进行视频沟通，尤其与一线医务工作者的孩子进行多次线上家访沟通和心理辅导。为当月生日的幼儿举行网络集体生日会，线上庆六一活动等，让幼儿感受到幼儿园和老师浓浓的关爱，加强了家园沟通。

3. 用微课来调动家长参与幼儿教育的积极性

现在，很多家长陪孩子的方式大多停留在大人看手机，孩子玩iPad；或是带着孩子来到游乐场，随孩子怎么玩，家长玩玩手机、聊聊天等。家庭亲子互动率很低。调查显示，大多数家庭中，父母工作较忙，压力较大，回到家中自然想放松一下，也没有太多的精力去和孩子玩互动类游戏。而这些父母又希望有一些能够和孩子有效互动的机会，所以我们根据家庭的需求，利用微课将一些有趣简单的亲子互动游戏传递给家长和幼儿。这些微课的时间一般在5分钟，内容符合各年龄段幼儿的发展需求。家长们利用手机、iPad、电脑等和孩子互动更方便。为了方便幼儿观看，我们把文字描述的目标要求部分单独发给家长，指导家长如何利用微课来和孩子进行互动游戏，同时，我们也要求家长有一定的反馈率，促进家长在家庭中进行亲子互动，帮助家长养成好习惯，调动家长参与幼儿教育的积极性。

总的来说，微课是一种以计算机和网络为技术支撑的教学模式，也是一种不断生成和发展的课程资源。在"互联网+"时代，网络和移动终端成为人们连接彼此的重要手段。如今，几乎所有的家庭都安装了互联网，不仅家长拥有自己的智能工具（手机、电脑），许多幼儿也拥有属于自己的多媒体工具（iPad、学习机），网络的发展和移动终端的广泛使用，也为微课更大范围的使用提供了条件。如今，许多幼儿园都建立了自己的幼儿园家校互动平台、信息管理平台和幼儿园宝宝App，教师可以将更多的微课资源在家校平台上分享，家长和孩子们都可以使用自己的智能工具观看微课。其中，幼儿可以借助微课巩固和复习在幼儿园学习的知识，家长也可以跟上幼儿园的教学进度，为幼儿提供辅导，或者利用微视频将孩子在家的学习情况反馈给教师。这样，围绕幼儿学习，家园共育中的家长与幼儿园互动变得更加高效和便捷，双方互动也朝着信息化、动态化方向不断发展。

（三）用微课丰富家园共育的教学载体

微课在幼儿家园共育中的应用使教学载体更为丰富，突出体现了幼儿教育的特色化发展，并让优秀的教育经验得以积累，使微课参与的家园教育更有利于幼儿的全面发展。

1. 用微课丰富家园共育的教学内容

目前在教育教学领域，微课主要有三种用途，分别是用于课堂教学中展示教学内容、用于学生和幼儿的自主学习以及渗透于实践活动。微课的内容大都短小简明，非常适用于学生、幼儿自主学习和课外学习。在家园共育中，微课也在这几个方面发挥了积极的作用。如在幼儿园集体教学中，利用课外资源制作成微课，然后运用微课来教学，可以丰富课堂教学内容，增强教学的开放性和多样性。在幼儿课外学习中，我们同样可以利用微课为幼儿自主学习提供资源支持。如在幼儿园"趣味制作"手工教学中，由于幼儿的动手能力、接受能力各有不同，所以在课堂上，在教师带领下，有的幼儿早早就完成了手工作业，有的幼儿很难掌握手工制作的动作要领，迟迟无法完成作业。针对这种情况，教师可以设计、录制"利用废旧物品，趣味制作"的微课，生动讲述如何利用一次性饭盒和盘子、泡沫或棉花、废旧光盘和饮料瓶等制作台灯、椅子及花盆，并在微课中设计两个有趣的手工游戏，如用胶水和彩纸制作芭比小公主的生日帽，用绳子和废纸"包糖果"。然后将微课应用于课堂教学，借助微课，许多幼儿都知道了手工制作的动作要领，还通过手工游戏感受到学习的趣味性。又如，在学习手指游戏"小猴子"时，我们可以将图片、音乐和动画汇聚在一起，制作成微课件，在课堂上为师生交流和互动创造更多的交流节点，促进幼儿与教师进行深度交流，让幼儿在富有趣味的教学氛围里快乐学习。当然，教师还可以微课为中心，建立家园共育资源群，并将微课分享至家长群中，将专门的课程和资源推送给家长，让家长参照微课件，与孩子一起学习，或者根据课件和教学内容检查孩子的学习情况，帮助孩子学习或者巩固复习。有了微课，家长很容易被学习内容所吸引，他们既乐于与孩子一起学习、一起成长，也愿意与幼儿园配合，共同做好幼儿家庭教育工作。在这里，微课不仅为家园共育提供了更多的资料，还成为家园互动的载体，也为家园共育新模式发展提供了良好的条件。

微课的出现将丰富的幼儿教育教学内容融入其中，不仅有幼儿在园期间的各种活动照片，而且有幼儿各种教育过程的点滴视频影像，家长可以根据微课中的内容参与到家园共育中，丰富教学内容。

2. 用微课突出我园家园共育的课程特色

尽管微课在很多教育教学领域中都有应用，但是把微课应用到幼儿教育领域并没有普遍性，尤其将微课应用到家园共育过程中更能体现教学过程的突出特色。幼儿教师可以将微课的相关资料通过客户端的方式推送给其他教师或幼儿家长，这样不仅能够丰富教育教学的内容，而且能够建立起微课的资源群，为下一步更具特色的家园共育慕课探索做好准备。

家园共育是我园"一条主线，五大领域，七大特色"的园本课程模式中"七大特色"中的一大特色，我们有家长委员会、家长志工团、丰富多彩的家园共育活动等。此外，利用微课这种特色的教学手段，我们在微信公众号上开设了"二幼亲子微课堂"等栏目，根据活动需要，我们的园本课程内容分别从预设课程、幼儿的兴趣点和需要、节日活动和热点话题以及家长的特殊经历和资源中生成，生成渠道更加广阔。我园教师不断制作微课资源，发放问卷让家长参与审议微课程资源的有效性，并及时与家长交流微课程的开展情况。开发了小中大班精品微课作品47个、多媒体课件27个，开发了"二十四节气"主题系列微课一套（内含24个微课），让园本课程资源更加丰富，让家园共育这一园本特色课程更出彩。

3. 用微课积累家园共育的教学经验

家园共育与微课相结合，使幼儿园教师或有经验的家长可以通过微课途径传播经验。家长可以直观地掌握幼儿园学习的信息，也可以用微视频的方式向教师反馈幼儿在家的学习情况，及时与教师进行沟通和交流。教师也会将教学的内容、生活活动、安全知识、手工制作等都制作成微视频，然后将微课按年龄特点或学科领域划分，最后分享到现代传媒平台，让更多的家庭受益。

（四）用微课优化家园共育的教学手段

孩子是祖国的未来和希望，幼儿成长离不开家庭与幼儿园的共同关注和努力。在不同的时代，幼儿教育方式和家园沟通手法都是不断变化的。在信息时代，微课为家园共育提供了新的方式，用微课向家长推送最新的育儿理念，提高家长的育儿水平，是幼儿园教师的责任。与幼儿园合作，利用微课帮助孩子更好地发展和成长，是家长的义务。在家园共育过程中会涉及很多的教育内容和教育环节，针对不同的教育内容和教育环节应该采取差异化的教育教学手段。微课作为一种现代信息技术手段，介入家园共育教学活动中，使家园共育的手段得以优化。

1. 用微课提升幼儿教师的教学能力水平

在制作微课的过程中，教师要深层次地思考教学目标和内容，研究重点和难点，寻找突破口。幼儿园就要在这一方面给予教师大力支持，如幼儿园可以聘请专家来校开展微课制作指导和培训，或者组建专业的微课师资队伍，打造学习型集体，以集体的形式开展微课设计学习。此外，幼儿园也可以经常组织教师去专业机构或者优秀幼儿园参观学习，以提高幼儿园教师的微课制作水平。尽管微课比传统的课程在时间上要短，但是从微课中能够反映出的教学内容并不单一。教师为了围绕某一教学内容设计出一节精品微课，就需要针对这节课的核心部分收集大量的家园共育素材，其中包括有代表性的视频、图片等，为了使这些视频或者图片能够最大限度地反映出这节课的主题，教师就需要对这些内容进行必要的逻辑设计，使其既满足幼儿教育的需要，又满足家长参与家园共育的需要。显然，完成整个微课的设计过程，教师的教学能力水平将全面提升。另外，为了达到更为理想的教育教学效果，教师还要在微课设计前做足现代信息技术的"功课"，使自己整理出的素材能够被运用到微课的制作中，这样才能体现出微课在家园共育过程中的独特优势。

2. 利用微课提高家长的信息素养

我们已经迎来了人机协同教育的一个新的技术形态。教育在技术的支撑下形态发生了重大变化。微课给家园共育提供了新的育儿方式与沟通方式，云端家长会、云端家访、云端亲子才艺展演、云端谈话等成为后疫情时代的常态。人工智能时代的教育技术变革，要求我们重建人类与机器间的相互协作的关系，充分利用信息技术优化我们的家园共育，让幼儿、家长都获得更大的自由、更多的公平以及更加个性化的人生体验。因此，微课在我园的广泛应用也进一步提升了家长的信息素养。

特别是在2020年新冠肺炎疫情防控期间，教师指导家长、幼儿利用宅家期间一起制作亲子微课，利用微信公众号平台共发布制作亲子微课50多个，提高了全体家长信息技术与课程整合和操作的能力。

3. 用微课实现家庭个性教育手段的优化

每个家庭都有不同的特点，这就造成了家园共育的差异，因此，在实施家园共育模式时，应该差异性对待不同的家庭客体，充分体现不同家庭的个性化特点，使幼儿教育达到更为理想的教学效果。教师在进行微课设计和制作时，可以把不同的家庭作为个体案例，选择合适的切入点，使这些差异性家庭的个性得到有机的体现。在进行家园共育时，教师可以把这些家庭的个案进行广义性的分享，这样，家长就可以根据其他幼儿家庭的个案特征来优化自身的教育手段，从而在借鉴中实现对家庭个性教育手段的优化。

4. 用微课推动教学过程的动态化发展

家园共育是一个动态化的教育过程，微课的介入使整个教育过程更具开放性，家长有机会通过更为直观的现代信息化载体来了解幼儿的具体情况，也可以借助微课的形式来增进幼儿与家长在教学上的互动，家长能够随时随地了解幼儿在园期间的表现，让家长更多地参与到家园共育的过程中，实现对于幼儿的动态化教育和动态化管理，微课的价值得到了有效发挥。

综上所述，微课在家园共育中有着积极的实践价值与推动作用。如微课使幼儿园教学形式变得更加新颖直观，也为家园互动架起了桥梁，提供了新的载体，切实加强了家园互动。家长接触到现代信息技术在幼儿教育中的应用，幼儿教师的教学载体与手段得到丰富，幼儿也能够非常直观地通过微课来接受新颖的教学模式。因此，幼儿园要立足实践，正视微课的价值和作用，然后积极尝试和探索新的微课使用方式，以切实发挥微课在家园共育中的积极作用，为幼儿健康发展提供良好的条件。

三、传统与新兴教育方式的融合

（一）传统与新兴教育方式融合的必要性

传统与新兴教育方式的融合在目前的幼儿园教育过程中主要是指将不同的教育方式进行功能整合，提升整体幼儿园教育的发展水平及发展方向。传统家园共育模式是以电话、面谈或者召开家长会为主，这样会受到时间和空间的限制，使家园共育的效果打折扣。而我们利用新兴的家园共育方式可以避免传统教育方式的弊端，提高家园共育的效率。

例如，在疫情防控期间，我们利用网络平台召开线上家长会，这样不仅可以避免人员聚集，而且更加方便家长参加会议。在举行线上家长会的时候，我们利用CS8制作了本学期的学期计划和上学期的总结微课视频。家长们可以非常清晰地看到我们这个学期的工作重点，而且，这次线上家长会的参与率是百分之百。家长们都非常赞成这种方式，可以充分调动家长参与家园共育的积极性。

不同的教育模式之间存在一定的差异，且各有优缺点，而将新兴的教育方式与传统的教育方式进行相互融合能够取长补短，既能够保留传统的家园共育教育模式中的优点，又能够把新兴的教育方法引入幼儿园教育过程中，有效地提升整体幼儿园教育的效果，帮助营造更加良好的学前教育以及幼儿园教育氛围，培养幼儿的学习兴趣，无论对整体幼教行业还是学前教育来说，都具有重大意义。

1. 有助于开发微课教育资源

开发微课教育资源主要是把教育教学以及信息技术两者进行相互结合，充分改变传统教育模式，同时让幼儿成为课堂教学的主体，帮助幼儿更好地发现问题、分析问题以及解决问题，取代了以往的传统幼儿教育模式当中以教师教授为主的教学方式，让幼儿从传统模式中被动学习的状态改为新兴教育模式中主动学习的状态。

针对目前开发新兴教育方式是以开发微课教育资源为主，因为幼儿教师必须具备较强的微课资源开发和利用能力，同时必须合理掌握微视频的录制播放以及剪辑等使用技巧和方法，充分利用信息技术以及网络摄像功能等为幼儿提供更加丰富的教育资源。除此以外，在开发微课幼儿教育资源的过程中，幼儿教师还需要明确资源的开发目标以及剪辑目的，充分地从幼儿自身的学习兴趣出发，来完成微课录制。

自我园推广微课以来，大部分教师掌握了微课的制作方法。通过各种学习、培训，我园多位老师制作的微课作品在广东省教育技术中心举办的"广东省教育'双融双创'行动暨2019年教师教育教学信息化交流及新媒体新技术教学应用活动"中经组织专家评审，取得了良好成绩，分别荣获省级、市级的一、二、三等奖。这样有助于我园开发微课教育资源。

2. 有利于利用网络共享资源

充分利用网络共享资源是实现传统与新兴教育融合的一个最重要途径，因为利用网络资源能够帮助幼儿教师与幼儿家长进行合作，通过共享资源来拓展幼儿教师与幼儿家长之间的家园共育方式，促进幼儿身心健康发展。把传统与新兴的教育方式相互融合，能够让幼儿不受时间和空间的限制来进行学习。同时，幼儿教师也能够与幼儿家长之间建立友好关系，借助网络共享资源能够有效地拉近幼儿与家长之间的距离，通过网络资源共享让幼儿家长更好地参与到幼儿的自主学习以及微课学习过程中，避免出现传统的家园共育教学中幼儿家长把幼儿放到幼儿园便撒手不管等现象，让幼儿家长更好地参与幼儿的学习与成长，有助于幼儿家长与幼儿教师共同协作，进行正确的幼儿教育。

传统教育方式和新兴教育方式相互融合有助于教师与幼儿家长之间进行互动，比如有利于幼儿教师开展与家长之间的互动。幼儿教师可以建立班级微信群，日常在微信群中公布一些班级信息以及幼儿的优秀教育素材等，帮助幼儿家长更好地了解幼儿，使其参与到幼儿的启蒙教育中。传统与新兴教育方式相互融合能够方便幼儿教师更好地分享微课资源，因为有一些课堂知识虽然在课堂中已经向幼儿进行普及和教学，但是由于幼儿自身的能力存在差异，并且需要父母的日常监督和开导，因此借助微信群，幼儿教师可以把相应的微课资源等发布到网络中，让幼儿父母能够再次对幼儿进行教育，帮助幼儿父母更好地参与到幼儿的启蒙教育当中，让他们成为孩子优秀的生活榜样以及学习榜样。

我园正在开展广府文化的主题活动，为了增进幼儿和家长对广府文化的认识，宣传肇庆本土文化特色，笔者制作了"肇庆新八景"微课。我们先在班级上为幼儿开展了"肇庆新八景"的活动，然后活动当天把"肇庆新八景"微课发送到班级群让家长在家跟孩子共同观看。很多家长表示孩子对这个活动很感兴趣，虽然已经在幼儿园开展过这个活动了，但是里面的内容比较多，有的孩子还不能完全掌握。经过在家的微课学习，他们就可以很好地掌握这些内容。

到了周末，很多家长都自发带孩子去游览"肇庆新八景"，孩子和家长都感叹原来美景就在身边，肇庆原来这么漂亮。家长们都觉得这样的活动很有意义，并希望我们以后也可以多开展相关的活动。

3. 有助于激发幼儿学习兴趣

俗话说"兴趣是最好的老师"，而幼儿自身的好奇心都比较强，因此在学习过程当中往往很难把注意力完全集中在同一件事物上，因此幼儿教师必须利用这一特点来开展教育教学，而对传统与新兴教育方式进行相互融合能够帮助幼儿教师更好地激发幼儿自身的学习兴趣，提高幼儿参与教育活动的自主性及积极性，同时让幼儿能够更好地感受到学习的乐趣，帮助他们形成良好的学习习惯。因为幼儿教师借助新兴教育方式能够帮助幼儿营造一个可视化的教育情境，让幼儿更有学习动机以及学习兴趣。同时通过微课视频的方式来捕捉幼儿自身的学习兴趣，因为大部分孩子是以视觉为主要的记忆方式，因此通过形式多样的微课视频等能够把幼儿自身的注意力集中到视频当中，并且引导他们展开进一步的思考和分析，很好地锻炼了他们的思维能力以及对问题的观察能力和分析能力。

传统与新兴教育方式相互融合有助于幼儿教师培养和发展幼儿自身的学习能力以及观察能力。微课视频教育方式能够帮助教师为幼儿呈现一些绘声绘色的视频素材，通过视频来提高幼儿自身的语言理解能力，同时利用微视频为幼儿展示如何学会倾听和学会观察，比如，在微课视频当中引入教育幼儿如何画画、如何进行色彩搭配等内容，让幼儿根据微课资源来进一步学习如何下笔和如何调色，让幼儿在欣赏作品的过程中学习并且提高自身的鉴赏和创造能力，培养幼儿自身的艺术表现力。

此外，幼儿教师也需要真正了解幼儿自身的兴趣爱好以及个人特点，通过个性化定制微课视频教育方案，因材施教地帮助幼儿更好地参与到学习当中，激发幼儿的启蒙学习兴趣。

4. 促进幼儿全面发展

传统与新兴教育方式相互融合能够有效促进幼儿自身全面发展，因为幼儿处于身心发展的重要时期，幼儿教师不仅要给幼儿传授一定的生活常识，同时还需要注重幼儿自身的思想发展以及全方位进步，除了拥有丰富的知识外，还必须拥有健康的身体以及良好的心理状态，帮助幼儿更好地去面对未来可能会遇到的学习与生活难题，而将传统与新兴教育方式相融合，特别是微课视频教育方式的引入，能够更好地促进幼儿提高自己的学习与认知能力。

在开展"0的认识"教育活动的时候，教师可以通过微课教育让幼儿更为全面地认识0，包括苹果吃没了、温度计刻度、格尺刻度等。教师在对微课资源进行选择的过程当中，必须贴近幼儿的认知以及幼儿的日常生活，选择的素材要能让幼儿理解，并且是他们日常生活当中能接触到的，通过创设生活情境来提升幼儿自身的学习与认知能力，帮助他们积累更多的生活经验。

除此以外，传统与新兴教育方式相互融合能够有效地提升幼儿教育教学过程中的兼容性，因为在整个融合过程中，任何教育内容都可以纳入微课教学的过程中，利用幼儿自身的理论学习指导生活中的每一个生活经验和技巧。比如，幼儿教师可以在日常班级管理过程中为幼儿播放一些"正确洗手""健康饮食"等视频，落实到幼儿实际生活中的方方面面，促进幼儿全面发展。

5. 提升幼儿理解能力、表达能力

传统与新兴教育方式相互融合能够有效提升幼儿自身的理解能力和表达能力，因为在开展幼儿教育工作过程中，幼儿教师自身不仅要让幼儿学到更多的东西，还要为以后提升幼儿的理解能力、表达能力和记忆能力等多方面能力进行铺垫，并且为后续的学习和生活奠定基础。因此在幼儿教育的过程中，幼儿教师必须让幼儿养成多倾听的学习习惯和生活习惯，同时还需要注重幼儿的语言表达能力以及理解能力，将传统与新兴教育方式相互融合，打破以往传统教育过程当中幼儿沉默不语或者被动式学习的模式。

新兴教育方式特别是微课教育能够有效地打破幼儿自身沉默，让他们更好地参与到整个教育教学过程中，帮助幼儿提升自身的理解能力和表达能力，同时在进行幼儿微课教育过程中，让他们能有自己的独特见解和想法认知，大胆地表达自身的感受以及想法。

实例：将传统与新兴教育方式相互融合能够帮助幼儿提升自身的理解能力和表达能力，比如，在开展美术教育活动中，幼儿教师可以为幼儿准备一个长达4分钟的微视频，其中包括制作版画所需要的材料、步骤以及作品欣赏。通过这个微视频，幼儿能够详细、全面掌握新的绘画知识要点，然后教师鼓励幼儿融入自己的想法与创意，让幼儿能够更好地把自己的想法和创意融入整个学习过程当中。这既提升了幼儿美术课堂教育的质量，也让幼儿参与到整个教育教学过程当中，提升幼儿自身的理解能力和表达能力，充分发挥微课优势，提升幼儿教育质量。

6. 可以弥补幼儿教师的不足之处

俗话说"人无完人"，教师也一样。《幼儿园教育指导纲要（试行）》指出，幼儿园的教育内容划分为社会、艺术、科学、语言、健康五大领域。因此幼儿教师在进行幼儿园教育过程中必须结合五大领域的不同内容以及不同思维深度进行推广，从不同角度对五大领域的内容进行互相渗透，同时还必须结合幼儿自身的年龄思维特征以及每一名幼儿在自主学习过程当中的差异进行相应调整，才能够制定出符合幼儿自身的学习能力以及学习习惯的课程认知，帮助幼儿实现学前教育和启蒙学习。

但是，由于大部分幼儿教师都需要兼顾班上大部分幼儿，并不能针对每一位幼儿进行自主评价以及自主认知教育，因此在实际的教学过程中，大部分教师只能兼顾一部分幼儿，不能在个别表现突出或者表现能力较弱的幼儿的适当培养中针对性提高，因此无法弥补在整体大环境教育过程中幼儿教学的不足，而新兴的教学方式以及微课教育能够有效弥补幼儿教师自身的不足，因为采取微课视频教学方式能够多方面融汇不同领域的知识，帮助幼儿教师提升自主教学的多样性以及全面性，有针对性地提高每一名幼儿在不同领域中的学习能力以及认知水平，更好地帮助幼儿自身开展启蒙认知及启蒙学习。

在采取微课教育后，幼儿教师只需对不同领域的微课视频进行挑选，将其引入每一名幼儿的学习过程中，让幼儿进行自主学习和认知。同时，微课视频教学能够有效地跟进每一名幼儿自身的学习情况以及学习程度，通过互联网以及计算机技术和信息技术等大数据分析来评估评价每一名幼儿在学习过程当中的认知程度，帮助幼儿教师更快更好地了解到每一名幼儿在学习过程中存在的个体差异，有针对性地提升每一名幼儿的学习效果，帮助幼儿教师更加个性化地评价每一名幼儿，因材施教，帮助提升幼儿自身的学习能力和学习水平。

（二）融合暴露出的问题

传统教育方式与新兴教育方式相互融合在初期必然会受到一些冲击和产生矛盾，因为两者在整体的教育方式以及教育风格上存在较大的差异，解决这些矛盾并且把在融合过程中暴露出来的问题进行合理解决，才能够有效提升整体课堂教育水平以及幼儿教育质量。综合分析融合过程中暴露出来的问题，也有利于为后续开展新型的幼儿教育做铺垫。

1. 传统教育在定位上存在一定的偏差

目前传统的教育在定位上存在一定的偏差，因为部分幼儿教育机构主要是以提升幼儿自身的知识水平和技能为主，但是在实际的教学过程中，并没有合理关注幼儿自身的学习能力及理解能力，单纯地提出严格要求来提升幼儿自身的听说读写技能，片面地理解幼儿的学习能力和理解能力，忽略了幼儿自身的个体差异。在教育教学过程中也并没有关注幼儿自身的心理状态以及学习心态，只是单纯地提出严格要求甚至是超负荷要求，让幼儿在幼儿园阶段就学习小学的知识，不能从根本上提升幼儿自身的学习能力及理解能力，反而会因为教育定位的错误，导致幼儿自身的身心发展规律与实际的教育理念相违背，犹如揠苗助长，从幼儿园开始就扼杀了幼儿自身学习的天性，让幼儿在学习过程当中无法感受到乐趣，反而产生恐惧与抗拒，在很大程度上影响到幼儿在后续学习和生活过程当中的积极性，带来不利影响。

2. 传统教育方式在内容的适应性上存在一定的问题

传统教育方式在内容的适应性上存在一定的问题，因为随着教育水平的不断提高，幼儿教育在精神层面的需求也在不断升级，大部分商家以及教育机构都在大肆宣传超前教育的重要性，但是超前教育并不符合幼儿自身的心理生长发育特点，反而严重损害了幼儿在学习过程中的适应性。依据传统的教育方式，不良机构都以单纯地考核指标以及考查方式作为评价幼儿自身学习能力的唯一标准，利用超前教育来认定幼儿自身心理发育需求，但是在很大程度上牺牲了幼儿自身的心理需求和情感需要，极大限度地破坏了幼儿在学习过程中的积极性。

超前教育与新兴的教育方式是完全相违背的，因为新兴的教育方式讲究的是激发幼儿自身的学习能力以及学习兴趣，并不是使用超前教育等限制和要求来强迫幼儿进行学习。两个方面截然不同的教育思想以及教育方法注定了超前教育与微课教育无法相融合。超前教育只是将成绩作为最主要的教育方式和教育目标，而以幼儿自身的心理需求情感为代价，牺牲了幼儿自身学习的积极性，对幼儿来说得不偿失。

3. 教育方式上存在一定的不科学性

传统教育方式中也存在一定的不科学性，因为受到应试教育体制的影响，幼儿教育过程中也存在一定的应试教育风气，大部分幼儿园在教学中依然把关注点集中在幼儿自身的学习成绩上，而这也符合目前社会上大多数家长的预期及需求，因为只有通过传统的教育方式获得良好的成绩或者良好的学术成绩，才能够保证幼儿在幼儿园中脱颖而出，然后进入一个重点小学开展下一步的学习，但是体制的影响导致大部分家长以及幼儿教师都忽略了幼儿自身的学习兴趣以及心理需求，大部分幼儿在幼儿园学习阶段过早地接触数学和拼音教学等方面的知识，急功近利的教育目的以及教育内容导致幼儿只能采取死记硬背的方式进行学习，不仅严重降低了幼儿自身的学习欲望，同时也导致幼儿教育违背了初衷。

相反，使用了新兴教育方式特别是微课教育的方法能够打破传统的应试教育思维和模式，让家长以及幼儿园体会到学习多样性以及信息多元化的重要性，微课教育的方式解决了以往只是刚性教育的学习理论知识，单纯注重成绩而忽略幼儿自身的发展需求以及发展特点的缺点。幼儿园重视并且关注幼儿自身的学习成长和心理需求，才能让他们形成良好的心理状态以及学习心态，帮助幼儿在幼儿园阶段便学会良好的学习技能，只有应用合理的教育思维方法才能有助于幼儿在日后的学习和生活中走得更远，具有更强的适应能力以及可持续发展的能力。

4. 教学手段更加循序渐进

对于幼儿学前教育和启蒙教育的认知，必须开展循序渐进的实践教学，才能够有效帮助幼儿更好地掌握自身的认知和学习。微课作为整体理论知识教学的载体主要是从儿童自身的意识和思想认知出发，教师需要在教学过程中增强微课视频的实用性，并且由浅入深更好地帮助和引导幼儿在学习过程中进行认知以及理解，同时解决以往传统教育过程中片面化以及单一化的教学模式，让幼儿更好地学习和认知。比如，幼儿安全教育中常见的用电安全、交通安全、地震火灾逃生安全等主题，传统教学中的知识讲解教学需要幼儿去记忆和背诵，缺乏真实感，在实践演练时往往容易遗忘。而通过微课软件制作相关教学课程，能够联系图画和视频教程，让各个流程和操作直观地呈现出来，可以让幼儿有更深刻的记忆，激发幼儿在学习过程中的学习兴趣，循序渐进地引导幼儿进行学习思维模式的建立以及学习习惯的培养。

（三）融合的课堂实践

传统与新兴教育方式相互融合必须能够真正地应用到幼儿教育的课堂教学中，因此探究如何把传统与新兴教育方式相互融合，同时消除它们之间存在的矛盾，才能够合理地把传统教育方式与新兴教育方式进行资源整合，更好地发挥幼儿教育教学过程当中的适应性，提升幼儿基础教育的水平以及学前教育的质量。

1. 线上课程的学习与亲子课堂

开展线上课程的学习和亲子课堂是把传统与新兴教育方式进行融合最好的课堂实践方法。因为传统的教育实践以课堂中的学习内容为主，将需要学习的内容都摆放到课堂当中进行统一教学是传统教育教学方式的一个重大特点，而与新兴教育方式融合以后，采用微课教育的方式能够把课堂当中需要学习的内容进行视频录制和微课录制，帮助幼儿更好地在课前开展视频学习和了解，对课堂当中涉及的知识进行背景了解和背景介绍，让幼儿能够更好地形成初步的认识，并且能够为开展线下课程做铺垫，线上课程教育既是一门独立的课程，也能为后续学习提供帮助。

在微课应用中可以加入互动的亲子课堂，加入让家长和幼儿共同学习、共同操作的内容，这样可以进一步发挥微课的作用，加强家园联系。

2. 基于微课的翻转课堂教学

随着互联网的逐渐普及以及计算机信息技术在教学教育领域当中的广泛应用，翻转课堂的教学形式能够有效地把传统与新兴教育方式进行融合，促进幼儿教育的质量和发展水平的提高。翻转课堂主要是采用新兴教育方式以及现代化的信息科学技术，通过知识传授以及自主学习相互结合的教育方法，通过师生互动来激发幼儿在学习过程中的学习兴趣以及学习热情，真正地体现了以幼儿和幼儿自主学习兴趣为教学中心的教育理念。幼儿教师可以给予微课实现翻转课堂教学，利用互联网资源以及现代网络通信软件等让幼儿自主学习软件中的微课，可以把微课设计成幼儿喜欢的卡通视频或者游戏等，将知识点进行融会贯通，穿插到微课或者幼儿自主学习的内容当中，让幼儿实现自主学习，自己成为自己的老师。

　　在实现线上微课翻转课堂之后，教师可以组织幼儿和家长进行线上讨论，采取视频会议或视频通话等方式，让幼儿能够参与到微课的自主学习当中，幼儿教师可以通过观察每一名幼儿在微课课堂当中的学习进度以及学习情况，同时了解每一名幼儿的学习进度，了解幼儿的学习情况后设计相应的教学活动方案，设置相关的学习任务。把学习任务作为主要的驱动力，同时将微课作为整体反映幼儿自身学习能力以及自主思维方式的工具，来驱动并且指导幼儿自主收集相关资料开展自主微课学习。同时，幼儿教师还可以设计有关语言游戏、美术活动等不同方面的教学活动方案，在微课中进行知识传授后，在实体教学课程中也可以进行教学展示和内容展示，从而完成幼儿教师从讲授、自主学习到最后展示交流翻转课堂的教学模式，通过将微课与自主课堂传统教学方式相结合，实现课堂翻转，提升幼儿教育质量。

中　篇

微方式提升家园共育成效

课题实践研究：开题报告

一、开题活动简况

开题活动简况包括开题时间、地点、主持人、评议专家（课题组外专家，应不少于2人）、参与人员等。

（一）开题时间

2018年10月24日。

（二）开题地点

肇庆市直属机关第二幼儿园501室。

（三）主持人

冯艳珊老师。

（四）主要议程

1. 主持人介绍会议主题、出席人员

2. 由课题负责人做开题报告

3. 关于开题报告的讨论

4. 专家组宣读开题意见

5. 宣布会议结束

6. 合照

（五）评议专家

刘繁华、黄国洪、肖亮。

（六）参与人员

（略）

二、开题报告要点

开题报告要点包括研究现状、研究意义、研究目标、研究内容、研究方法、研究过程、工作分工、预期成果等，要求具体明确、可操作。

（一）研究现状

国内学术界对微课、家园共育的研究不断增多，其中不乏优秀研究成果。广东省佛山市教育局信息网络中心的胡铁生老师率先提出了"微课"的概念，他认为微课是以教学视频为主要呈现方式，反映教师在针对某个知识点或环节的教学活动中所运用和生成的各种教学资源的有机结合。广州大学教育学院的田秋华副教授认为，微课是基于学校资源，教师能力与学生兴趣，以主题模块组织起来的相对独立与完整的小规模课程，适用于学校教育的各个阶段及各种课程类型。许慧莲（2017）在具体的研究过程中发现，教育在信息化的浪潮中迎来了新的机遇和挑战，人们传统的学习方式发生了很大的改变，教师和家长也在寻求最佳的教育方式，而微课的实际应用也成为重要的研究方向。

近年来，我国对幼儿园家园共育工作的研究也越来越关注。《幼儿园教育指导纲要（试行）》中明确指出："家长是幼儿园教师的重要合作伙伴。应本着尊重、平等的原则，吸引家长主动参与幼儿园的教育工作。"《3～6岁儿童学习与发展指南》中指出："家庭是幼儿园重要的合作伙伴。应本着尊重、平等、合作的原则，争取家长的理解、支持和主动参与，并积极支持、帮助家长提高教育能力。"席晓莉（2015）在具体的研究过程中发现，随着时代的发展，幼儿园已经不再是封闭的教育组织，而是需要担负起应有的教育价值、社会价值，因此幼儿园强化家园共育，对幼儿的成长，加强幼儿园与家庭、社会的联系和沟通具有重大意义。晏红（2016）对家园共育的主要途径进行了主题分析，他认为家园共育的实现，可以通过开展活动、书面沟通、网络沟通等不同的路径进行多元化的展现。

国外学术界针对微课、家园共育同样进行了较多研究。其中，在微课研究方面，美国艾奥瓦大学附属学校于1960年首先开创微型课程，也可称为短期课程或课程单元，它实质上由一系列半独立的单元所组成。新加坡教育部于1998年实施Microlessons计划，涉及多门课程领域，重视学习情境、资源、活动的建造，且教学目标单一、集中，使学生能够有效学习。2008年，美国新墨西哥州圣胡安学院的高级教学设计师戴维·彭罗斯提出Micro-lecture，他所创造的"一分钟的微视频"扬名国际，核心理念是把教师的教学目标与教学内容紧密整合，使学习体验更加有效率，更加聚焦。

在家园共育的研究上，美国从20世纪60年代开展"开端计划"，强调家长对儿童的发展具有重要意义，家长应与幼儿园密切合作，共同教育儿童。新加坡2012年修订的幼儿园课程框架即《培养早期学习者——新加坡幼儿课程框架（2012年修订版）》中也提到为家长设计手册，使家长积极参与幼儿园活动。吉默（Jimmer）（2015）对美国洛杉矶的12家学前教育机构的家园共育情况开展了较长时间的集中调研，他认为，当前美国学前教育机构的家园共育情况趋于良好，但是仍存在一系列问题，需要相关学前教育机构进行必要的对策性分析。

国内学术界在微课、家园共育方面的学术研究成果不断涌现，但是在深入性分析上存在较大不足，而且缺少对两者的关联性分析，有较大的研究提升空间。

（二）研究意义

随着计算机技术和互联网的快速发展，移动终端设备的迅速普及，幼儿园与家长沟通的形式不再局限于传统面对面的沟通方式。如今的家长受到工作时间的限制，往往会疏忽对孩子的陪伴，与教师交流的机会也越来越少，家长希望能有机会与教师探讨教育理念。微课作为新时代背景下一种新型的网络教学形式，将其运用于家园共育中，不仅能够弥补传统家园共育中的不足，同时可以实现家园共育的信息化、协作化、动态化，能让家长更好地了解幼儿园的教育理念，引导家长正确解读幼儿行为表现。

传统的家园共育如家长会和开放日等活动都有时间限制，已经不能满足新形势下的育儿需求。当今社会，网络已经成为人们获取和传递信息的重要方式。微课可以调动家长参与幼儿教育的积极性，加强家长和孩子之间的沟通与交流，并且家长可通过微课衔接幼儿园对孩子的教育工作，加强家庭与幼儿园的交流，达到更好的教学效果。因此，微课在家园共育中的实践运用，有助于提高家园共育的实效性，丰富家园共育合作方式，促进家园共育管理工作的开展，加速幼儿教师职业化进程，同时对家园共育信息化也起到助推作用。

（三）研究目标

本课题通过建设一系列微课资源，搭建家园共育平台，构建家园共育模式，进行基于微课的家园共育实践，旨在深化幼儿园教学改革，培养幼儿的社会、科学、艺术、语言能力，促进幼儿健康成长，提高教师的专业水平。

（四）研究内容

本课题在大量文献分析与实践总结的基础上，通过对"微课在家园共育中的实践研究"开展主题分析，借助高新技术的教育手段优化教学，给予孩子更丰富的学习体验，提高幼儿园的家园共育成效。本课题的研究内容包括以下几个方面。

1. 微课的选择与设计

（1）需求分析。

我国著名的教育家陈鹤琴先生指出，幼儿家庭教育和幼儿园教育在儿童成长中的作用与意义都非常重大，两者不能脱节，必须合作才能获得最大的教育效果。然而，由于现代生活节奏较快，年轻的家长过于忙碌，无法与幼儿园教师进行深入的沟通，急需搭建新的家园共育桥梁，为家长与孩子、幼儿园沟通提供便利。

（2）确定微课的体系。

本研究的微课课程体系主要根据孩子的年龄及认知特点，分别建设适合大、中、小班三个阶段的微课，再根据大、中、小三个阶段的学习内容，挑选其中具有代表性的内容建设系列微课，主题分别为相反国、拜访大树、彩色蹦蹦跳，具体见图2-1、图2-2、图2-3。

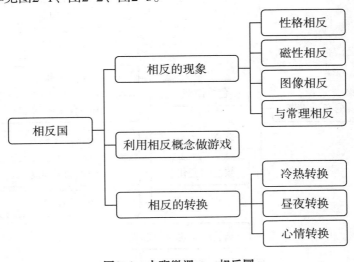

图2-1 大班微课——相反国

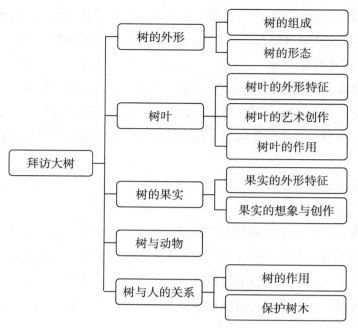

图2-2 中班微课——拜访大树

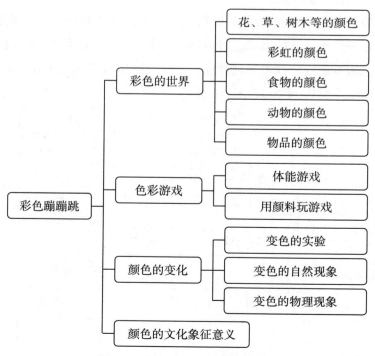

图2-3 小班微课——彩色蹦蹦跳

在"相反国"的主题课程中,将课程内容与生活实际相结合,通过设计一系列活动,让幼儿在活动中学习相反的相关知识。

在"拜访大树"的主题课程中,让幼儿学习树木的外形、特点,并通过作品创作,加深对树木学习的认识。

在"彩色蹦蹦跳"的主题课程中,将课程与生活现象相结合,通过组织相关主题活动,让幼儿完成对颜色的学习。

(3)微课的教学设计。

先对幼儿的年龄特征、活动目标和活动内容进行分析,以视频为主要载体,围绕某个知识点或教学环节进行教与学活动的设计。

2. 微课的开发

本课题采用流媒体形式呈现微课教学,选择合适的工具进行微课的开发。首先使用Microsoft Power Point制作课件,之后选择Camtasia Studio录屏工具进行微课视频录制与编辑,进而形成微课视频案例。

(五)研究方法

1. 文献研究法

文献研究法指通过对文献进行分析研究,从中引证对研究对象的看法或找出其真相的一种方法。本课题通过文献研究法分析微课、家园共育的研究现状,形成课题分析基础。

2. 问卷调查法

问卷调查法指将调查内容制作成调查问卷,让调查对象填写,然后回收分析以获得调查资料的方法。本研究在肇庆市直属机关第二幼儿园选择一定数量的家长、幼儿教师,进行主题问卷调研,确定微课体系,通过问卷调查基于微课的家园共育模式的效果。

3. 访谈法

访谈法指调查者与被调查者通过有目的的谈话来收集资料的方法。本研究从接受问卷调研的幼儿家长、幼儿教师中,选择具有代表性的进行有针对性的访谈,使访谈法成为问卷调研的重要补充。

4. 基于设计的研究

基于设计的研究是一种为了解决现实教育问题,管理者、研究者、实践者和设计者共同努力,在真实自然的情境下,根据来自实践的反馈不断改进直至排除所有缺陷，形成可靠而有效的设计。本研究主要应用于对微课的设计与开发。

5. 个案研究法

个案研究法的研究对象讲究个别性和典型性，从而有利于集中精力进行深入探索，有利于全方位、多角度开展研究。本研究对教学实践中的具体案例进行分析，对微课在家园共育的实践应用进行了效果分析。

（六）技术路线与实施步骤

根据研究内容和研究目标，绘制本课题研究技术路线图如图2-4所示。

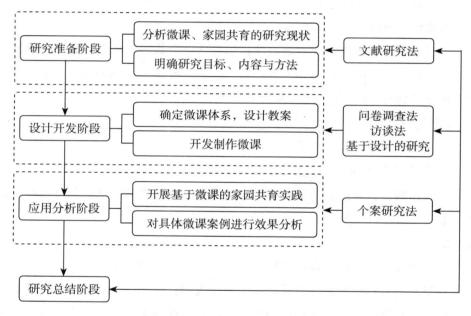

图2-4　本课题研究技术路线图

1. 研究准备阶段（2018年3—7月）

（1）组织理论学习和课题会议，建立课题组，制订课题科研方案。

（2）查阅资料，收集关于微课、家园共育的文献资料，跟踪最新研究动态，借鉴有关研究成果。

（3）准备开题报告，申报立项。

（4）根据教师的实际情况，对课题的研究过程进行分工，明确责任。

2. 设计开发阶段（2018年8月—2019年7月）

（1）调查了解相关主题，分析存在的问题，进行微课需求分析。

（2）对研究内容进行深入研究，确定微课体系，设计微课课程教案，制作微课。

3. 应用分析阶段（2019年8月—2020年3月）

（1）开展基于微课的家园共育实践，并注意收集、整理相关课题研究资料。

（2）通过个案研究法对微课具体案例进行效果分析。

4. 研究总结阶段（2020年4月—2021年3月）

（1）收集、整理课题研究资料，分析、处理数据。

（2）接受课题鉴定组终期评估鉴定，并对研究过程撰写结题报告。

（七）效果研究

1. 效果分析

通过问卷调查和访谈，分析并评价基于微课的家园共育模式的实施效果，记录教学实践的相关信息。

2. 个案分析

分别从健康、社会、科学、艺术、语言五个方面选取一个微课案例进行教学实践，对从微课的设计开发到幼儿和家长共同学习微课进行实时、全面的追踪，并及时记录相关信息。

（八）创新之处

本课题的创新之处在于模式创新，将微课教学与家园共育相结合，构建基于微课的家园共育模式，并通过家园共育平台进行实践，以深化幼儿园教学改革，提供健康、语言、社会、科学、艺术等领域的教育内容，各领域的内容相互渗透，从不同的角度促进幼儿情感、态度、能力、知识、技能等方面的发展。

（九）工作分工

课题组成员分工如表2-1所示。

表2-1 课题组成员分工

姓名	主要职责
宋小群	主持课题组全面工作，对课题研究进行总体控制，把握课题研究方向，组织人员分工，负责课题的立项申请、阶段性报告、结题报告等文字材料的审核工作

姓名	主要职责
梁华凤	主持课题组的日常工作，负责课题的立项申请、阶段性报告、结题报告等文字材料的组织，负责课题的聘请专家指导工作
冯艳珊 林 妮	负责课题组各类会议、研讨、观摩课的开展，负责课题组各阶段性工作的安排，负责课题开题、中期及结题报告的文字撰写工作
季 红 郭玉婷	负责课程教案的制作，微课资源的设计开发
伍小葵 王 威 张恒婵	负责教学实践的开展，收集课题研究过程中微课资料以及教学课件、教学反思、教学论文的收集和整理工作

（十）预期成果

课题的预期成果如表2-2所示。

表2-2 课题的预期成果

开始时间	结束时间	阶段性成果名称	成果形式	负责人
2018年3月1日	2018年7月31日	幼儿园各年龄阶段家园共育的微课框架	其他	季 红
2019年3月1日	2019年7月31日	中期报告	研究报告	林 妮 冯艳珊
2018年8月1日	2019年8月31日	《幼儿园家园共育创新途径研究》	论文	梁华凤
2018年7月1日	2021年9月30日	家园共育微课素材	微视频	伍小葵
2018年7月1日	2021年9月30日	家园共育微课教案	教案汇编	王 威
2018年7月1日	2021年7月31日	研究论文或随笔	论文随笔	张恒婵

课题的最终成果如表2-3所示。

表2-3 课题的最终成果

开始时间	结束时间	最终成果名称	成果形式	负责人
2021年2月1日	2021年3月31日	课题结题报告	研究报告	宋小群 林 妮 冯艳珊
2021年2月1日	2021年3月31日	《微课在家园共育中的实践研究》	论文集	梁华凤
2021年3月1日	2021年7月31日	家园共育微课资源库	其他	伍小葵

三、专家评议要点

侧重于对课题组的汇报要点逐项进行可行性评估，并提出意见和建议，限1000字左右。

根据广东省教育技术中心关于课题管理办法的要求，受肇庆市教育局电教站的委托，2018年10月24日，肇庆市直属机关第二幼儿园组织专家对宋小群主持的"微课在家园共育中的实践研究"课题举行开题活动。专家组听取了课题研究开题报告，审阅了课题研究的有关前期准备资料，经过认真评议，形成如下意见。

（1）课题根据幼儿教育家园协同的现状和现实需求，开展基于微课的家园共育的实践研究，选题具有较高的研究价值和实践意义。

（2）课题研究目标明确，研究内容合理翔实。课题通过进行园本微课建设，构建信息化的家园共育平台，提出基于微课的家园共育模式，并进行实践和效果分析。通过课题研究促进幼儿健康、语言、社会、科学、艺术五个方面的发展，提高教师专业水平，深化幼儿园的教学改革。

（3）课题研究思路清晰，研究方法与技术路线选择合理，研究计划可行。课题研究基础扎实，研究团队结构合理。

（4）课题预期研究成果合理、可行，研究成果对信息技术环境下开展家园共育实践具有借鉴作用与推广价值。

建议：开发精品微课，加强实践，形成典型案例。

专家组一致同意该课题如期开题。

课题实践研究：工作安排

一、课题成员具体分工

课题组组长：宋小群

课题组副组长：梁华凤

课题组小组长：冯艳珊

课题实验小组老师：

小班：张恒婵、梁华凤、周秀秀、王燕

中班：林妮、王红红、李燕好、罗嘉敏

大班：冯艳珊、王威、李璐、郭玉婷

二、具体工作职责

课题组组长：全面负责课题的开展，确定课题研究方向及思路，人员分工落实。

课题组副组长：统筹规划，具体管理课题的开展，研究落实课题研究制度；制订研究计划，管理指导培训课题组成员；获取专家支持等。

课题组小组长：协助组长开展工作；督促收集整理各项资料。

课题实验小组老师：根据课题组的阶段目标，按计划开展活动并做好活动观察记录、家园活动观察记录、微课教育活动设计、教育活动录像、调查问卷、访谈记录、小组计划和总结（每个小组的第一位老师撰写）的收集活动。

活动资料收集员：做好课题会议记录整理（笔录、录音或录像），每学期收集整理课例，教师活动观察记录，家园活动观察记录，各阶段微课教育活动设计和录像，论文，二十四节气微课等资料。

活动摄影师及相片收集员：负责课题组会议、各项活动的拍照和录像，做好照片整理并归档工作。

三、资料收集时间

（1）资料收集员按年级将活动资料收集好交给冯艳珊。

（2）冯艳珊分类汇总好后发给梁华凤核对。

（3）林妮将各类活动照片收集并分类标注好时间、内容发给梁华凤核对。

四、学期总结（梁华凤负责）

根据课题方向，结合各年龄段实验小组教学情况，对微课活动设计进行反思，撰写一份总结报告。

课题实践研究：阶段性工作计划

　　本课题已开展一年，课题组将根据幼儿园在实践过程中发现的问题，结合华南师范大学专家的意见，进一步梳理研究内容和研究方向，研究过程中继续关注"四个基于"，即基于儿童视野、基于儿童经验、基于儿童学习以及基于园本家园共育经验，着重从案例研究、特色活动研究、资源开发利用研究以及多元文化研究等方面开展研究活动，做到逻辑思维有条理，内容具体清晰，并注重研究成果和研究经验的积累，为课题中期报告做好准备工作。

一、基于儿童视野，关注活动研发，提升园所品质

　　课题组在立足于园本家园共育的基础上，以微课为载体，营造家园亲子共同学习的氛围，让家长、幼儿和教师通过微课平台在教育教学方面有更好的融合。经课题评估专家的把脉与梳理，本学期课题组将基于儿童视野，探索适合家园共育的微课研发，依托主题活动和特色活动，丰富家长和幼儿的知识，开阔家长和幼儿的视野，提升幼儿园的办园特色和办园品质。

　　（1）在现有主题整合课程的基础上，精心挑选适合家园共育的活动，结合幼儿园语言、健康、社会、科学、艺术五大领域，制作精品微课，通过微课激发幼儿的学习兴趣。

　　（2）课题组遵循"在游戏中体验，在游戏中感知"的原则，注重微课的实用性和趣味性。

二、基于儿童经验，关注资源利用，促进幼儿发展

　　课题组将基于幼儿经验，盘点幼儿园现有资源，关注整合课程的开发与利用，尝试规划和建立课程资源图，从而完善幼儿园课程资源库的建设，将微课

初步投入微信公众号让家长和幼儿使用，更大化地促进幼儿的全面发展。同时注重课程审议，审议课程内容、课程资源、师幼互动的策略，从而保证课题研究的质量和教育教学的质量。

三、基于园本家园共育经验，关注案例分析，提高研究水平

课题组还将结合幼儿园园本教研的经验，关注教师的案例分析能力，开展现场浸入式和陪伴式教科研活动，引导教师发现问题，以案例为抓手进行问题剖析和问题反思，从而寻求最佳解决问题的方式，真正提高教师教科研水平。同时注重经验的积累，课题组的成员每月完成一篇教师活动观察记录、家园活动观察记录、微课教育活动设计、教育活动录像（年龄段小组）。本阶段课题成员需要完成一篇与本课题相关的论文并投稿发表或评选，进行一次微课使用测评。

四、举行中期报告会

（1）汇报中期报告的主要要点（PPT），介绍微课研究成果。中期报告打印稿发给主要参加领导和专家。

（2）现场微课公开活动。

（3）专家点评与交流。

五、每月具体工作安排

10月：

（1）课题组工作布置。

（2）分级开展微课教育活动。

（3）观看上交的课件作品，进行评分和评析。

（4）选大、中、小班各一个微课放在微信公众号，进行实验测评。

（5）中期报告会前期准备。如方案、微课现场课等。

（6）结合五大领域主题教学制作精品微课初稿（各领域1个）。

11月：

（1）教师教学研讨活动。

（2）课题研讨活动——课件作品修改分析、交流。

（3）中期报告会。

（4）精品微课定稿。

12月：

（1）课题研讨活动——活动经验交流。

（2）组织参加微课论文投稿活动。

（3）精品微课制作。

（4）中期报告会反思。

1月：

（1）课题研讨活动——课程资源交流。

（2）本学期研究成果（课例、教师活动观察记录、家园活动观察记录、实验测试表、各阶段微课教育活动设计和录像、论文、精品微课）收集，归类整理及汇总，形成园本教育成果。

课题实践研究：培训方案

为了更好地推进课题"微课在家园共育中的实践研究"的开展，我园将于2019年1月18—20日邀请华南师范大学刘繁华副教授及其研究生团队对我园教师进行微课设计与制作能力的培训，希望通过培训，教师们能够设计与制作微课，并进行教学实践，推动我园相关课题研究。现就"微课设计与制作"培训制订本培训活动方案。

一、时间

2019年1月18—20日。

二、地点

肇庆市第十六小学电脑学习室。

三、授课人员

华南师范大学刘繁华副教授及其研究生团队。

四、参加人员

肇庆市直属机关第二幼儿园教师，广东省宋小群名园长工作室团队成员，共55人。

五、活动安排

（一）1月18日14：30—17：30

（1）刘繁华副教授及其研究生团队到十六小观看学习现场及安装学习

软件。

（2）刘繁华副教授及其研究生团队到肇庆市直属机关第二幼儿园进行"微课在家园共育中的实践研究"课题开展的入园指导。

（二）19—20日流程（见表2-4）

地点：肇庆市第十六小学电脑学习室。

表2-4

时间		培训内容	学习形式	主讲人
19日	8：00—8：30	学员报到，领取培训资料		
	8：30—11：30	微课教学设计与教学模式	理论讲授	华南师范大学刘繁华副教授 助教：齐天翔、李克、谷紫阳
	14：30—17：30	微课录制工具与制作方法	示范讲解 操作实践	培训讲师：齐天翔 助教：刘繁华、李克、谷紫阳
20日	8：30—9：30	学员分组与微课选题	分组交流 操作实践 现场指导	培训讲师：齐天翔 助教：刘繁华、李克、谷紫阳
	9：30—11：30	分组设计教学设计、制作微课	操作实践 现场指导	培训讲师：齐天翔 助教：刘繁华、李克、谷紫阳
	14：00—17：30	小组作品展示与点评	交流研讨	华南师范大学刘繁华副教授 助教：齐天翔、李克、谷紫阳 全体教师

课题实践研究：中期报告

一、研究工作进展情况

"微课在家园共育中的实践研究"是2018年教育信息化应用融合创新肇庆市级课题，2018年8月批准立项，2018年9月开始课题研究，计划于2021年3月结题。该课题在我园开展一年多以来，在市教育局的支持下、华南师范大学专家组的指导下，研究过程中始终关注"四个基于"，即基于儿童视野、基于儿童经验、基于儿童学习以及基于园本家园共育经验，着重从案例研究、特色活动研究、资源开发利用研究以及多元文化研究等方面开展研究活动，已经取得了显著的研究成果，积累了丰富的研究经验，现将课题中期情况汇报如下。

（一）工作方案

根据研究内容和研究目标，首先通过文献研究法分析微课、家园共育的研究现状，明确课题研究目标、内容与方法；然后依托问卷调查法、访谈法等研究方法，从肇庆市直属机关第二幼儿园选择受访家长、幼儿教师，进行问卷调研和需求分析，确定微课体系以及设计教案；进行后续的教师培训并制作微课；接着将制作好的微课引入不同的家园共育活动中，对微课在不同家园共育活动中发挥的作用进行分析，并注意收集整理相关课题研究资料；最终通过个案研究法对微课具体案例进行效果分析并做研究总结。

（二）调研计划

此项课题基于文献研究法、问卷调查法和访谈法、个案研究法，主要分为研究准备阶段、设计开发阶段、应用分析阶段和研究总结阶段四个阶段。

（三）实施情况

通过对课题研究计划的有序推进，目前我们的课题已经顺利完成了课题研究三个阶段的工作。理论准备：前期的研究准备；设计开发：在需求分析、课程体系设计的基础上，实现对微课资源的设计与开发；效果分析：在基于微课的家园共育模式构建的基础上，实现对微课的实际应用并分析效果。目前研究进入最后的研究总结阶段。

1. 开展了课题研究的准备

在课题研究初期，我们首先组建了以园长宋小群为课题组组长，副园长梁华凤为课题组副组长，全园教师集体参与的课题组；并且通过文献研究法，对微课应用、幼儿园家园共育工作等方面的研究进行了学习、整理、分析与总结，为课题的科学、有序推进打下了基础。在该阶段，我们完成了课题所涉及的核心概念的界定。

微课：微课是以短小精趣的微视频为主要载体，围绕某一单一知识点而设计开发的在线课程，它是教育信息化的重要探索，符合新时代的教学需求。它适用于学校、幼儿园教育的各个阶段及各种课程类型。

家园共育：家园共育是指家庭与幼儿园密切合作，共同完成孩子的教育。对孩子的教育并不是家庭或幼儿园单方面地开展教育工作，家园共育对家长和孩子至关重要。

基于微课的家园共育模式：近年来，各种"微"事物不断涌现，为家园共育搭建了一个更好的互动与服务的平台。在幼儿园，微课成了家园互动的重要渠道，让教师和家长之间的沟通更迅速、便捷，有效促进家园互动。基于微课的家园共育模式是指幼儿园提供的幼儿园教育和家庭提供的家庭教育以微课资源家园交流平台的形式呈现，通过多样化的微课，让幼儿能够学习到健康、社会、科学、艺术和语言等不同层面的内容。

2. 进行了微课需求的分析

课题组成员通过分工，在微课制作前先进行了幼儿阶段教育教学对微课需求的分析。通过文献研究，收集、整理当前微课研究中对微课需求的分析结论，并且重点通过问卷调查法，咨询、收集教师与家长对幼儿园面向家园共育的微课制作的意见，并结合访谈法辅助问卷调查结果进一步深入分析，为确定更加符合需求的微课主题与微课内容提供了有力依据。

3. 确定了微课的课程体系

研究结合前期的文献调研和对教师、家长的问卷调查与访谈结果，并结合孩子的年龄及认知特点，分别建设适合大、中、小班三个阶段的微课，再根据大、中、小三个阶段的学习内容，挑选其中具有代表性的内容建设系列微课，把主题学习作为微课课程体系。

4. 教师微课制作技能培训

微课是教育信息化的产物，也是家园共育方式的有益补充。为了让教师了解微课，学会制作和使用微课，提高自身的信息技术水平和素养，我园通过多种学习模式对教师进行培养。

（1）信息技术赋能课堂，专家引领助力提升。我园聘请了华南师范大学教育信息技术学院的专家进行微课软件使用的专题培训，有效地促进教师的专业成长。

（2）组建技术学习小组，打造互助型学习模式。根据个人的实际情况，教师进行自由配对，合作互补，或把有教育经验的老师和有微课制作技术的老师进行配对，两两结合，强弱互补，共同协作打造出优秀的微课作品。幼儿园开展了课件和微课制作比赛活动，进行了微课的观摩研讨，采用面对面、手把手的方式进行技术培训、经验交流。加大同伴互助的力度，引导全体教师提升信息技术应用能力。

（3）了解和学习微课制作，有利于教师学以致用，提高素养。微课的制作需要幼儿教师制作并运用图文声像并茂的多媒体课件，将教学化静为动、化难为易、化抽象为直观形象，从而使孩子身临其境、视野开阔、思维活跃，使游戏与教学融为一体，提高教学效果。

5. 设计并初步建设了微课资源

课题组教师积极参与到微课资源的设计与初步建设之中，首先根据教学内容、教学环节、教学活动和教学方法进行了微课的教学设计，再结合各年龄阶段的家长教育需求制订微课设计方案。以此为指引，通过对教师使用Camtasia Studio录屏工具进行微课视频录制与编辑技能的培训，引导教师进行了微课资源的开发。

教师通过微课资源的制作，一方面锻炼了数字教学资源开发能力，提高了信息素养；另一方面为幼儿园的优质资源建设与教育教学改革注入了强大动力。

6. 构建了基于微课的家园共育模式

本课题在大量文献分析与实践总结的基础上，对"微课在家园共育中的实践研究"开展主题分析，首先通过文献调研，分析构建家园共育模式，进行基于微课的家园共育模式的构建，从而通过微课的应用，增强家园共育的效果。

7. 分析了基于微课应用的家园共育效果

课题组将制作好的微课引入不同的家园共育活动中，对微课在不同家园共育活动中发挥的作用进行分析，并注意收集、整理相关课题研究资料；通过问卷调查法和访谈法，分析并评价基于微课的家园共育模式的实施效果，记录教学实践的相关信息；分别从健康、社会、科学、艺术、语言五个领域选取一个微课案例进行教学实践，对从微课的设计开发到幼儿和家长共同学习微课进行实时、全面的追踪，并及时记录相关信息，从而实现对基于微课应用的家园共育效果的分析。

（四）课题拟开展的工作

本课题将要开展的工作主要有两项。

第一，收集、整理前期的课题研究资料，分析、处理相关研究数据。

第二，接受课题鉴定组终期评估鉴定，并对研究过程撰写结题报告。

（五）存在的问题

随着课题研究的不断推进，研究取得了重大的阶段性成果，但也存在部分问题。

（1）在微课制作过程中，由于技术限制，目前只能制作简单的微课，对后期制作技术还缺少学习和认识，如对微课进行必要的删减、添加字幕等技术还有待进一步学习和探索。

（2）由于家长还不了解微课的作用，因此微课在亲子间的使用率很低。

（六）课题推进条件保障

1. 具备完成课题的人文条件

课题负责人所在的幼儿园具有60年的办园历史，是一所省一级公办园。拥有稳定的经费投入以及较完善的教育教学教研设施和条件。幼儿园领导非常重视该项工作。在此之前，幼儿园一直在寻求家园共育的新方法、新突破，微课是其中一项重要内容。有了幼儿园领导的支持，课题研究的经费、人力、物力及时间会有充分的保障。如前所述，课题主持人及主要参与者专业知识扎实、经验丰富，有较强的课题管理经验，能指导课题组有序开展研究。课题组成员既有有工作经验的教师，他们有丰富的家园沟通经验和一线实践经验；也有充满激情的年轻教师，他们接受新鲜事物快，适应当今现代信息技术的发展，实现了老中青完美搭配。

2. 具备完成课题的物质条件

我园一直以来非常重视信息化技术的运用，全体教师能熟练掌握并运用相关电脑技术，每班配备一体机、电脑、打印机；全园配备30台平板电脑，一间50多平方米的自动录播室；网络班班通，全园覆盖无线Wi-Fi。

3. 具备完成课题的资料条件

本课题一方面利用中国知网进行文献资料收集；另一方面开展专题访谈，进行访谈资料收集，进而形成"文献+访谈"的保障。

4. 具备完成课题的资金条件

我园是公益二类事业单位，属市教育局主管，有稳定的财政经费保障。本次课题主要以上级拨付研究资金为主，幼儿园也给予了一定的资金扶持，另外，为了保障课题主体分析，我们还进行了一定的经费筹集。

在有力的课题条件保障下，课题目前遇到的问题基本可以解决，综上可知，本课题可以按时完成研究计划。

（七）下一步工作安排

1. 进一步加强对教师微课开发能力的培训

目前，我园教师虽然能掌握微课开发的基本步骤、能制作微课，但是距离制作精美、高质量的微课还有一定距离。我们将继续推送线上有效的学习资源以及邀请专家进行指导，通过开展线上与线下相结合的教师培训，提高教师微课开发的能力。

2. 向家长普及有关微课的知识

由于家长对微课不够了解，导致当前幼儿园微课资源利用率很低。我们将通过我园微信公众号知识推送、家长开放日知识讲解等形式，加深和提高家长对微课的了解与对使用微课的认同，引导与鼓励家长参与到微课的使用之中，加强家园共育。

3. 加强课题指导与培训，拓宽课题间的研讨与交流

在总结前期研究工作的基础上，进一步统一思想，明确任务，加强课题的研讨和培训，通过各种途径积极参与交流和研讨，实现共建共享，全面落实课题研究。

4. 形成典型个案，进行成果总结、发表与推广

根据课题研究内容，形成一批可推广的案例集，同时在刊物上发表一批优秀研究论文，发挥课题研究的辐射与推广作用。

二、代表性成果简介

（一）"家园共育"系列微课

本课题在课程体系设计构建的基础上，研究积极引导与鼓励教师进行了一系列"家园共育"系列微课的开发，并且鼓励教师参与相关微课比赛，以资源开发推进比赛参与，以比赛参与提高资源开发质量。

1. 微课课程体系

微课课程体系的构建以实现"家园共育"为目标，并基于家园共育的平台，以主题学习为特点，分别建设适合大、中、小班三个年龄阶段的微课，再根据大、中、小班三个年龄阶段的学习内容，挑选其中具有代表性的内容，形成系列微课"主题学习微课课程体系"。

2. 系列微课资源

本课题中，课题组成员开发了系列微课资源，其中，小班主题资源14个，如《认识1和许多》《弟子规——凡是人皆需爱》；中班主题资源16个，如《豆豆潜水员》《大树》；大班主题资源16个，如《橙子变变变》《初三老鼠娶新娘》；还有二十四节气的相关主题学习资源微课。

3. 微课资源获奖情况

在课题的微课资源开发中，我们还积极鼓励课题组参加微课资源的比赛，并获得了较好的成绩：2018年，省级课例获奖2人，市级计算机教育软件评审获奖1人；荣获2018年第一届多媒体课件比赛的有16人，其中特等奖2人，一等奖3人，二等奖5人，三等奖6人。

（二）学术价值

目前，教学中微课资源的开发主要用于中小学与大学阶段，由于幼儿教师资源开发能力的限制以及幼儿不易于自主学习的特点，对幼儿阶段的微课资源开发的研究较少。课题在基于微课的家园共育模式构建的基础上，进行了系列微课资源的设计与开发，为幼儿园数字教育资源的有效开发提供了开发经验，丰富了该领域的理论研究。

（三）社会价值

　　系列微课资源的开发，一方面，在微课制作的过程中，教师对微课有了更深的领悟，通过微课研究，锻炼了教师的教学技能，使其养成了思考的习惯，促进了教师的专业化、全面化发展；另一方面，系列微课资源的开发，可以实现资源开发的经验交流与资源的开发共享。通过系列微课资源的开发，既能实现教师信息素养的提升，也能实现更为广泛的幼儿阶段基于微课的家园共育经验传播，为其他幼儿园的资源开发提供经验借鉴，具有一定的社会价值。

课题实践研究：结题报告

随着教育信息化的快速发展，幼儿园与家长沟通的形式不再局限于传统面对面的沟通方式，幼儿教育应充分发挥幼儿园在家庭教育中的重要作用，幼儿教师应与时俱进，不断改革自身的教学方法、教学理念。基于此，本课题构建出基于微课的家园共育模式，设计和开发出适合家园共育的多样化微课资源，同时构建家园共育微课程平台，针对微课在幼儿园家园共育中的具体应用进行实践探索。研究表明，微课作为一种新型的网络教学形式，将其运用于家园共育中，不仅能够弥补传统家园共育中的不足，同时还可以实现家园共育的信息化、协作化、动态化。

一、问题的提出

（一）研究背景

2001年9月实施的《幼儿园教育指导纲要（试行）》第八条中指出：家庭是幼儿园重要的合作伙伴。幼儿园在争取家长的理解、支持和主动参与以及更新其教育理念，提高教育能力时，务必坚持尊重、平等、合作的原则，只有这样，才能充分发挥家长的育儿作用。2015年10月发布的《教育部关于加强家庭教育工作的指导意见》中提到：要充分发挥学校在家庭教育中的重要作用。幼儿园建立健全家庭教育工作机制，统筹各种家园沟通渠道，逐步调动各级各类家庭教育骨干力量，加快形成家庭教育社会支持网络，完善家庭教育工作保障措施。著名教育家陈鹤琴先生说过："幼儿教育是一种很复杂的事情，不是家庭一方面可以单独胜任的，也不是幼儿园一方面可以单独胜任的；必定要两个方面共同合作才能得到充分的功效。"而幼儿园家长工作的出发点就在于利用家长资源，实现家园互动合作共育。

（二）研究主题的本质

随着社会的繁荣与进步，家长面对的工作压力也越来越大，家长受到工作时间的限制，往往会疏忽对孩子的陪伴，与教师交流的机会也越来越少，而传统的家园共育如家长会和开放日等活动都有时间限制，已经不能满足新形势下的育儿需求。如何让家长更有效地参与到幼儿园的教育活动中？如何实现幼儿园教育与家庭教育的同步协调发展？通过哪些方法和途径才能更好地培养幼儿的各种能力？这些都是我们这次课题研究的内容。

本课题利用"家园共育"的概念，并不是停留在纯粹"教学管理"或"家庭教育技术"层面，而是指幼儿在园内进行教育活动后如何向"教后"延伸，发挥幼儿园教育和家庭教育整合的功能。通过整合家园教育资源，实现教学双方智慧潜能的整合。

（三）研究问题与假设

1. 本课题提出的研究问题

（1）如何利用微课提升幼儿阶段家园共育效果？

（2）利用微课能提升什么家园共育效果？

2. 根据研究问题，本课题提出假设

（1）利用微课提升幼儿阶段家园共育效果，需要构建有效的基于微课的家园共育模式；需要设计基于家园共育目标的微课资源；需要构建家园共育微课程平台。

（2）构建有效的基于微课的家园共育模式，设计基于家园共育目标的微课资源，构建家园共育微课程平台，能有效提升幼儿的学习效率，提高教师与家长的信息素养。

二、研究目标

根据研究问题和假设，本课题经过实践与推广，已基本达成以下三个研究目标。

（一）构建有效的基于微课的家园共育模式

根据《3～6岁儿童学习与发展指南》的要求，通过文献研究法，探索出基于微课的有效家园共育模式，提出家园共育的有效途径和方法。

（二）设计与开发家园共育的微课资源

在家园共育模式下，收集文献并组织专家研讨，设计出微课教育活动方案；不断进行优化迭代，已形成多样化、多维度的微课教育活动方案，为家园共育的多元化提供借鉴。

根据微课设计方案，制作出各领域活动的精品微课并验证其有效性，丰富相关专业理论，积累相应的实践经验。通过录制微课视频促进教师间的合作，提高教师教学水平、信息素养。

（三）构建家园共育微课程平台

为开拓家园共育有效互动的新途径，并尝试在本园及同行间推广微课程在家园共育中的互动模式，进行资源共享，让更多的教师、家长了解并参与微课程在家园共育中的教育活动，本课题构建了家园共育微课程平台。

三、研究队伍与研究对象

（一）研究队伍

为了保障课题研究的顺利进行，幼儿园成立以园长为组长、教研副园长为副组长的课题领导小组。同时，本课题组织了大批各学科领域的教师参与到课题研究中来，有效协助微课资源的设计与制作，并且开展后续的实践研究。具体的课题组成员分工如表2–5所示。

表2–5 课题组成员分工

姓名	主要职责
宋小群	主持课题组全面工作，对课题研究进行总体控制，把握课题研究方向，组织人员分工，负责课题的立项申请、阶段性报告、结题报告等文字材料的审核工作
梁华凤	主持课题组的日常工作，负责课题的立项申请、阶段性报告、结题报告等文字材料的组织，负责课题的聘请专家指导工作
冯艳珊 林 妮 周秀秀	负责课题组各类会议、研讨、观摩课的开展，负责课题组各阶段性工作的安排，负责课题开题、中期及结题报告的文字撰写工作
郭玉婷 张恒婵	负责课程教案的制作，微课资源的设计开发

姓名	主要职责
李燕好 李　璐 王　威 伍小葵 罗嘉敏	负责教学实践的开展，负责课题研究过程中微课资料以及教学课件、教学反思、教学论文的收集和整理工作

（二）研究对象

本课题采用随机抽样的方法，主要选取肇庆市直属机关第二幼儿园，涵盖了小班、中班、大班，180名3～6岁幼儿及其家长作为课题的研究对象。

四、研究方法与研究路径

本研究采用"设计活动→实践验证→寻找问题→分析思考→反复实践→解决问题→总结反思→形成结论"的循环流程，以课题研究为载体，不断优化、调整、完善研究内容，建立课题组成员之间的合作平台，将微课真正落到家园共育的实处。

（一）研究方法

本次研究主要运用文献研究法、问卷调查法、访谈法、基于设计的研究、个案研究法、观察法等方法进行微课程在家园互动中实效性的研究。

（二）课题研究路径

根据研究目的与研究方法的选定，确定本研究的研究路径为：研究准备阶段→设计开发阶段→应用分析阶段→研究总结阶段。

五、研究内容与过程

本研究在大量文献分析与实践总结的基础上，对"微课在家园共育中的实践研究"开展主题分析，借助高新技术的教育手段优化教学，给予幼儿更丰富的学习体验，提高幼儿园的家园共育成效。本研究的主要内容包括以下几个方面。

（一）构建有效的家园共育模式

1. 家园共育模式

家园共育是指幼儿园和家庭二者必须同向、同步形成教育合力，才能有效地促进幼儿的发展。家园的沟通交流、支持合作、资源共享，才能达到"家园共育"的目的，才能促进幼儿、家长、教师三大人群的共同成长，才能为幼儿的健康、快乐成长营造良好的教育环境。本研究依据前文分析，构建出家园共育模式，如图2-5所示。

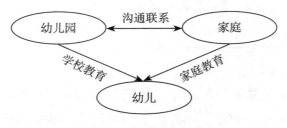

图2-5　家园共育模式

在幼儿的发展过程中，家庭教育和幼儿园教育都起着至关重要的作用，家庭是幼儿认识世界的第一个门户，父母是幼儿的第一任老师；幼儿园是基础教育的根基，是幼儿从家庭迈向社会的第一个转折点，两者之间既相互联系又相互制约，幼儿园教育与家庭教育进行有效的结合，保证为幼儿提供良好的成长环境，对其日后的发展有着重要的意义。

2. 基于微课的家园共育模式

微课作为一种新型的网络教学资源，主题突出，内容明确，将其作为家园共育模式的纽带，进行基于微课的家园共育实践，可以调动家长参与幼儿教育的积极性，加强家庭与幼儿园的交流，达到更好的教学效果，如图2-6所示。

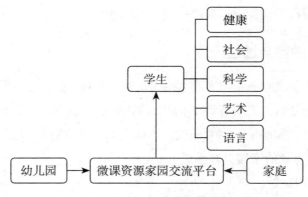

图2-6　基于微课的家园共育模式

基于微课的家园共育模式是指家庭与幼儿园合作、协同，利用微课实现幼儿教育的一种综合教育功能与幼儿园沟通功能的综合模式。由幼儿园提供的在家庭教育中使用的微课，通过微课资源家园交流平台（家长群、幼儿园微信公众号等途径）进行呈现。多样化的微课，让幼儿能够学习到健康、社会、科学、艺术和语言等不同层面的内容，从而在家庭与幼儿园的共同努力下，实现对幼儿的培养。

（二）设计与开发家园共育的微课资源

1. 设计家园共育的微课资源

（1）需求分析。

幼儿的主要成长环境是家庭和幼儿园，家长和幼儿园教师对幼儿成长起着关键作用。家长是幼儿园教育的重要合作伙伴，实现家园共育，需要将幼儿园教育与家庭教育相结合，教师与父母要以儿童发展为中心，进行双向沟通，使幼儿健康成长。然而现在的家长在当今快速发展的社会环境下，压力大、工作忙，陪伴孩子的时间越来越少，与幼儿园的沟通交流不多，急需新的家园共育模式帮助家长与孩子、幼儿园加强沟通。

（2）确定微课体系。

本研究微课体系的确定以家园共育模式为指导。微课的构建以实现"家园共育"为目标，并且基于家园共育的平台（家长群、幼儿园微信公众号等途径），通过幼儿园和家长双方的深入沟通协同，根据孩子的年龄及认知特点，为幼儿提供健康、社会、科学、艺术和语言等不同层面的主题学习微课，引导家长辅助幼儿在家学习，以提升家园共育的效果。在微课课程体系下，分别建设适合大、中、小班三个年龄阶段的微课。其中，以"主题学习"为微课课程体系主路线，辅以特色课程"二十四节气"，为幼儿提供丰富的家园共育资源支持，具体如图2-7、图2-8所示。

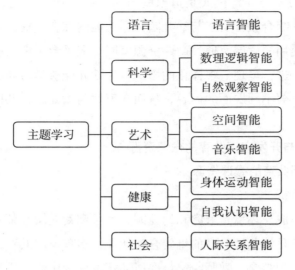

图2-7 主题学习微课课程体系

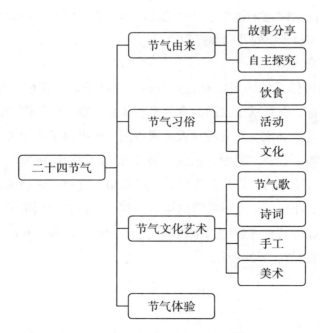

图2-8 主题活动微课——二十四节气

"语言领域"的主题学习，主要强调语言智能，学习创造性地运用语言、颜色、词语中的音韵、节奏，猜测和感知语言的含义，学习如何正确进行阅读，描述自己的日常生活场景。

"科学领域"的主题学习，主要强调数理逻辑智能和自然观察智能，尝试运用数学与科学的知识进行配对，探索周围的事物，学会观察。

"艺术领域"的主题学习，主要强调空间智能和音乐智能，可以通过自制不同的工具，利用不同的色彩进行绘画；同时学习不同的歌曲，感受歌曲中变化的旋律，加深对音乐的理解。

"健康领域"的主题学习，主要强调身体运动智能和自我认识智能，通过运动增强身体动作的敏感度，同时可以在情感交流中体验游戏的乐趣。

"社会领域"的主题学习，主要强调人际关系智能，可以与同伴共同创作，享受合作的乐趣，能够向家长介绍自己的作品，体验家园共育的快乐。

"二十四节气"将富有中国文化意蕴的二十四节气，通过知识讲解与探究体验相结合的形式，在微课生动的图片、视频的呈现中，带领幼儿学习节气知识，体味中国文化。

（3）微课的教学设计。

先进行前端分析，对微课的学习者特征、教学任务和学习内容进行分析，确定合适的学习目标，根据教学内容、教学环节、教学活动和教学方法确定合适的微课类型与组成要素，制定符合学习者特征的教学策略，选择教学视频的情境、案例，以及相关的网络教学支持材料和评价、反馈机制，并根据各年龄阶段的家长教育需求制订微课设计方案。

2. 开发家园共育的微课资源

本研究采用流媒体形式呈现微课教学，选择合适的工具进行微课的开发。首先使用Microsoft Power Point或Flash制作课件，之后选择Camtasia Studio录屏工具进行微课视频录制与编辑，进而形成微课视频案例。

（三）构建家园共育微课程平台

为实施健康、社会、科学、艺术、语言五大领域教育内容的融合，促进幼儿全面和谐发展，幼儿园教师设计制作相关微课资源，并通过家园交流平台如QQ群、微信群、微信公众号等发布微课资源，让家长更好地了解幼儿园的教学活动，并和幼儿共同学习微课。

六、研究结果与分析

（一）前期调查结果分析

1. 基于微课的家园共育模式具备良好的推广环境

由400多份各年龄段的调查问卷发现，从年龄结构来看，40岁以下的家长占总人数的87%，趋年轻化，本科学历以上的家长占比70%以上（见图2-9），这为网络微课程的使用和推广提供了很好的环境。80后父母对手机有着浓厚的兴趣和强烈的依赖感，并且使用频率较高，也更在意幼儿园服务的品质及服务的时效性。

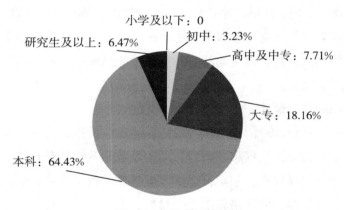

小学及以下：0
研究生及以上：6.47%
初中：3.23%
高中及中专：7.71%
大专：18.16%
本科：64.43%

图2-9　家长学历统计

在幼儿园微信公众号平台发布一些微课，可以方便家长检查幼儿在幼儿园学习的情况，从家长的角度对幼儿进行教育。有时，幼儿因请事假或病假耽误或者错过了集体学习的机会，通过微课，在家长的陪伴下，幼儿可以适时学习必要的知识点。

当家长与孩子共同观赏微视频，进行亲子操作练习时，家庭教育的正确引导也得到了增强；幼儿与家长在微视频的引导下共同参与各类教育活动，既发展了情商与智商，又提高了自信，家园共育工作也会因此迈上一个新台阶。

2. 微课对家园共育有促进作用

微课以教育活动视频和课例片段为核心内容，教师将重点的或者幼儿难以理解的活动内容做成微课资源放在家园平台上进行分享，幼儿可以选择合适的时间利用任何智能工具多次观看微课，借助微课巩固和复习在幼儿园学习的知识，家长也可跟上幼儿园的教学进度，为幼儿提供辅导，或者利用微视频将幼儿在家的学习情况反馈给教师，有较强的自主性。这样家园共育中的家长与幼儿园沟通变得更加高效和便捷，也增强了家长积极主动与幼儿园沟通的意识。

在调查中，我们发现近八成的家长认为筛选和制作适合的微课内容，能让幼儿"线上活动"丰富多彩（见图2-10），这说明微课的内容和形式有利于幼儿的成长。

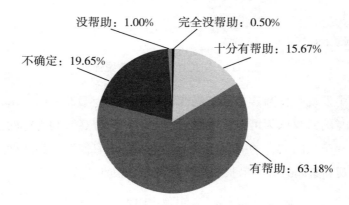

图2-10　家长对微课活动的满意度统计

3. 利用微课程丰富家园共育的模式

无论是家长还是幼儿教师，都能够在家园共育的过程中积累很多宝贵的幼儿教育经验，这些宝贵的经验能够通过微课的方式更加形象地得到体现。例如，可以将家园共育中关于幼儿安全教育的知识、动手能力培养的知识、角色互动的知识等，借助音频、视频、图片、动画等方式制作成微课，使微课能够直观地反映家园共育过程中所积累的经验，当面对不同的幼儿教育对象，面对不同层次的家长群体时，可以选择不同的微课来推进家园共育教学，从而达到更为理想的教育教学效果。

在调查中发现，微课最吸引家长的是课程内容的趣味性、形式和便捷性，绝大多数家长认为微课的这种学习形式比较新颖和方便（见图2-11），对新型教育资源持支持、乐观的态度，有利于微课的推广和使用。

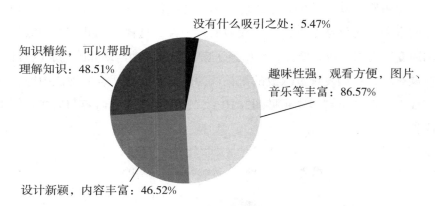

图2-11　家长对微课的态度统计

在调查中发现（见图2-12），86.57%的家长认为微课可以丰富幼儿的学习资源，58.21%的家长认为可以从微课中学习幼儿教育观，49.50%的家长认为微课的使用有利于家园共育的一致性。说明家长对学习资源的关注度最高，其次是儿童教育观和家园共育，家长对微课教育的价值期望大。

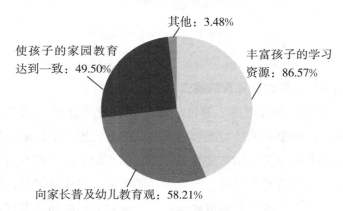

图2-12　家长对微课在家园共育中的效果认知统计

（二）效果调查结果分析

本研究经过基于微课的家园共育效果调研，主要对微课作品以及微课对幼儿的学习效果评价进行了相应的问卷收集，共收集了469份各年龄阶段的调查数据。

1. 微课作品符合家园共育模式的要求

在对微课作品的评价方面，本研究主要从微课的选题立意、教学设计、视听效果三大方面九个小点进行评价。从数据可以看出，本研究设计与开发的微课作品符合家园共育模式的要求，能够满足家长和孩子的使用需求。

　　在微课的选题立意方面，如图2-13所示，91.47%的家长认为微课的知识精练，能够帮助理解知识；82.73%的家长认为微课能有效解决学习过程中的重难点；84.22%的家长认为微课的内容严谨充实，无科学性、政策性错误，能反映社会和学科发展。由此可见，微课的选题立意明确，能够有效地帮助孩子理解相应的知识点。

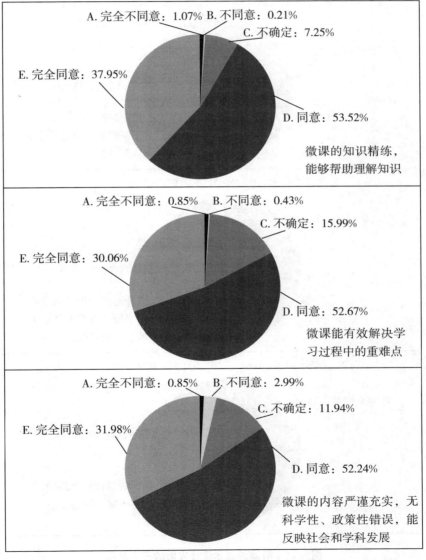

图2-13　微课的选题立意方面的三个题项

在微课的教学设计方面，如图2-14所示，87.42%的家长认为微课的教学目标明确，思路清晰，符合孩子的认知规律；87.42%的家长认为微课运用合理的信息技术手段，注重调动孩子的学习积极性；89.98%的家长认为微课的设计构思新颖，内容丰富，富有创意。由此可以看出，微课的教学设计有明确的教学目标和教学流程，运用合适的教学手段设计课程。

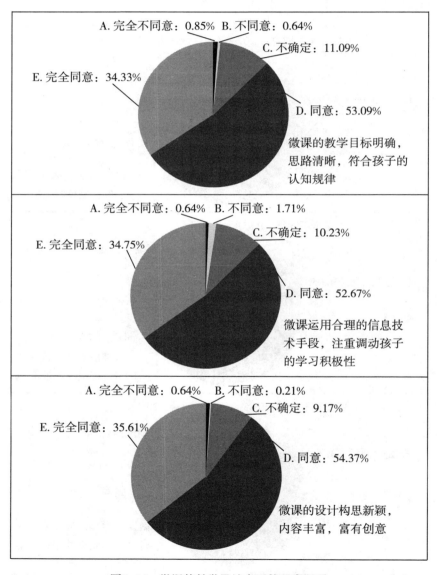

图2-14 微课的教学设计方面的三个题项

在微课的视听效果方面，如图2-15所示，88.49%的家长认为微课的画面整体感强，构图完整，符合艺术审美规律；91.90%的家长认为微课的声音设计有感染力，包括对白配音、音效设计、背景音乐等；92.53%的家长认为微课的趣味性强，观看方便，具有丰富的图片、音乐。由此可见，微课的视听效果较为符合幼儿的学习，其趣味性可提高幼儿的学习投入程度。

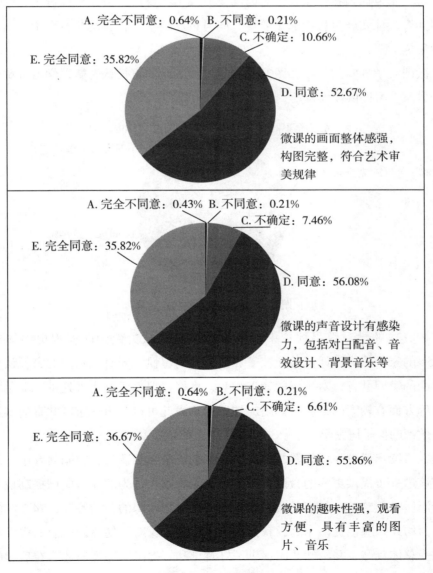

图2-15　微课的视听效果方面的三个题项

2. 微课对孩子学习效果有促进作用

在对微课的学习效果评价方面，82.30%的孩子对于在家学习微课表现出很大的兴趣，48.83%的孩子在家每周进行微课学习的频次是2～3次，并且53.73%的孩子能够坚持完成每一次的微课学习，由此可以看出，家园共育微课对孩子来说是一个较大的兴趣点。有46.27%的孩子不能或不确定能坚持完成每一次微课学习，主要原因在于家长没有时间播放或不在身边，由此可以看出，家长在家园共育微课实施过程中的重要性，同时也反映了家长在幼儿教育中扮演着重要的角色。

微课教学的实践效果如图2-16所示，87.64%的家长认为微课学习资源能为孩子居家学习提供较大帮助。

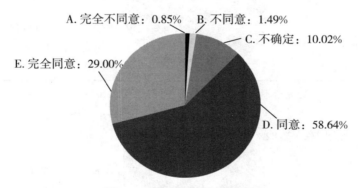

A. 完全不同意：0.85% B. 不同意：1.49%
C. 不确定：10.02%
E. 完全同意：29.00%
D. 同意：58.64%

图2-16 微课教学的实践效果

在具体的学习效果评价中，40.09%的家长认为微课能积累更多知识，29.85%的家长认为微课能够让孩子养成良好的习惯。同时，不同的家长认为基于微课的家园共育，对孩子的知识积累、良好习惯养成、为人处世、动手实践能力等方面有较大的帮助，如图2-17所示。由此可以看出，家园共育的微课能够有效帮助孩子居家学习。

在后续建议方面，如图2-18所示，60.98%的家长认为在家园共育中，幼儿园应该进一步提供更多的微课资源；50.75%的家长认为幼儿园应该提高现有微课资源质量；57.14%的家长认为幼儿园应该增加教师的互动答疑；74.20%的家长认为幼儿园应该提供家庭教育方面的指导。家长对于幼儿园目前的教学和服务感受总体较好，并给幼儿园提供了好意见和好提案。综上所述，在后续的家园共育模式中，幼儿园应与家长携手，为家长提供家庭教育方面的指导，在现有基础上可进一步进行教师微课制作培训，提高微课资源质量。

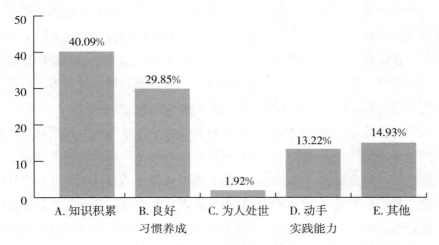

图2-17　基于微课的家园共育过程中对孩子的各方面帮助

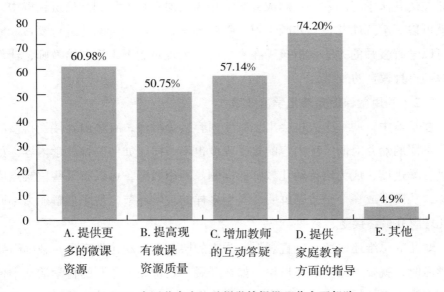

图2-18　家园共育中，希望学校提供哪些方面帮助

七、讨论及结论

（一）微课在家园共育中的有效应用

微课的主要特点是表现形式多样，有视频、音频、图画、flash等多种软件的应用，教学素材丰富，通过多个角度对知识点进行阐述，变换方式重复讲解

的好处之一是让听过、看过就学会了的幼儿再次听，以达到巩固、复习的效果，而对于理解能力较弱的幼儿来说，终究会有一种讲解方法能够让他喜欢，从而达到微课补充教学的目的。例如，疫情防控期间拍摄"幼儿入园七步走"的流程：在家晨检、戴口罩回园、按指定位置等候入园晨检、消毒鞋底并测体温、医生晨检、洗手、口罩放入袋子再洗手。有图解和视频讲解等，既可以让家长直观地看到流程，又能让幼儿熟悉进班前的准备工作。

教师将幼儿在园期间的各种表现编辑到微课中，以图片、视频的方式直观地展现出来，上传到平台之后，家长可以在家与幼儿一起交流视频内容，提高幼儿的自信，最重要的是在微课中，家长能够从教师的言行中学习到指导幼儿的方法，家长有效教育孩子的成就感也为微课应用在家园互动的教育方式中奠定了良好的基础。此外，家长将微课上学习的内容与幼儿的学习能力提高等图文信息上传到朋友圈，对于微课应用成功效果起到很好的宣传作用。例如，将幼儿在幼儿园学习的歌谣录制成视频，作为微课素材上传到微信班级群中，家长就可以了解到幼儿在幼儿园学习了哪些知识，从而配合幼儿进行复习。家长也可以学着教师的方法，把孩子在家的行为表现录制下来反馈给教师，让教师了解到自身教育的效果。

（二）利用微课提高幼儿学习效率

在学习中，同一个人也会出现有些内容接受得快，有些内容接受得慢的现象，不同的幼儿对同一项内容的接受程度也不一样。如何安排教学内容，如何推进教学进度，成为困扰幼儿教师的问题。利用微课，可以将某些重难点内容打碎，从而形成一个个主题鲜明、类型多样的教学环节，便于理解能力不同的幼儿理解并最终接受、掌握。

幼儿的思维还停留在以直观形象为主的层面上。幼儿教育中，教师引导幼儿学习时，就要尽量直观和形象。如在开展"鸡蛋壳承重"的科学活动中，要用许多鸡蛋壳，慢慢地找到蛋壳承重的支撑点，这就要求幼儿花时间去寻找和探究，以此激发了幼儿对科学探究的欲望，培养幼儿科学探索的精神。倘若该活动把蛋壳和多种实验物品带到教室里做，固然可以，但有的幼儿思考和发现问题的能力有限，需要教师花很多时间进行个别指导，在孩子多的情况下，个别辅导就比较吃力了。在此，微课就发挥了大作用。课前，教师做好实验，录成微课，辅以动情、幽默的言语，起到了很好的效果，吸引了幼儿的注意力，提高了幼儿学习的效率。家长也可以根据教师的微课重点，在家里根据幼儿的学习情况慢慢地指导幼儿掌握学习内容，让幼儿体验到学习的成就感。

（三）利用微课提高家长和教师的信息素养

在不同的时代，家园共育方式都是不断变化的。在信息时代，微课为家园共育提供了新的育儿与沟通方式，用微课向家长推送最新的育儿理念，提高家长的育儿水平，是幼儿园的责任。与幼儿园合作，利用微课程帮助孩子更好地发展和成长，是家长育儿方面的一种新探索和新渠道。

其中，在家园共育中微课的制作和使用上，幼儿园教师起着关键作用，要想实现利用微课促进家园共育的目的，教师要顺应时代潮流，认真学习信息技术和多媒体操作手段，开阔自身视野，提高自身的信息素养和微课制作水平。其一，幼儿园聘请专家来园给教师开展微课制作指导和培训。在课题实验的过程中，我园聘请了华南师范大学教育信息学院的教授及其研究生团队给教师做了利用CamtasiaStudio软件进行微课视频录制与编辑的培训。针对教师的要求，陆续开展了一系列学习和培训活动，有效促进了教师的专业成长。其二，组建专业的微课师资队伍，打造学习型集体，以集体的形式开展微课设计学习。在课题实践的过程中，我园连续开展了课件和微课制作比赛活动，每学期进行微课的观摩研讨，教师们聚在一起总结经验，交流分享。在微课制作比赛中，我们让教师成立合作小组，发挥各自所长，共同努力，完成微课作品。教师通过比赛活动商讨方案、合作执教、不断反思、思维碰撞等环节，获得经验提升、理论升华，提升了参与课题研究的积极性和主动性。其三，学习制作微课，有利于教师自身成长。幼儿园的微课制作需要幼儿教师学会灯光设计，学会构图，学会选声，学会后期编辑制作，学会网络传播与分享等微课制作技术，同时还要求幼儿教师能以技术为指导，将多媒体与幼儿教学内容结合起来，使幼儿园教学更接地气。微课设计过程中，幼儿教师必须对教学内容了然于胸，对重点和难点的把握准确到位。鉴于此，幼儿教师必须不断学习新思想、新理念，认真钻研教材，广泛收集教学资源，努力提升自身素质，有效促进自身的成长。

家长是孩子的第一任老师，微课在家园共育中的广泛应用，也给家长们增加了许多新的"任务"，如家长要与孩子一起观看微课，要及时与教师进行交流和沟通，以了解孩子在学习中存在的问题，还要将孩子在家中的表现、学习情况及时反馈给教师，在交流和反馈的过程中都有可能用到微课。这也提高了家长学习的自觉性，促使他们主动去了解一些微课知识和信息技能。从某种程度来说，有效提高了家长的信息素养，进而为更高层次的家园共育打好了基础。

八、研究的主要特色与创新点

（一）构建微课互动平台，加强微课资源整合

为了满足家长与教师交流、沟通和理解的需要，我们建立了富有幼儿园个性特色的微课资源。我们开设了"二幼亲子微课堂"栏目，教师利用课外资源制作微课，并将微课上传到平台上，然后运用微课来教学，丰富了课堂教学内容，增强了教学的开放性和多样性。家长也可以利用"微课堂"里的资源为幼儿在家自主学习提供支持。如在幼儿园"橙子变变变"美术活动中，由于幼儿的动手能力和接受能力各有不同，所以在幼儿园老师的带领下，有的幼儿能够顺利地掌握美术活动的内容并完成任务，有的幼儿很难理解活动要领，迟迟无法完成任务。针对这种情况，教师就将制作好的微课放在平台上，家长回家利用空余时间借助微课，辅导幼儿继续完成任务，并且可以反复播放，直到幼儿掌握美术活动的要领，从而提高幼儿学习的兴趣和自信心。

（二）开展家园共育活动，丰富园本课程内容

根据活动需要，不断制作微课资源，发放问卷让家长参与审议微课程资源的有效性，并及时与家长交流微课程的开展情况。扎实有效的课题研究取得了丰硕的成果，在2018—2020年制作的微课作品获省级奖励9个、市级13个，撰写了13篇论文，有1篇在刊物上刊登并获得省级奖项；开发了小、中、大班精品微课作品47个，多媒体课件27个，开发主题系列微课1套（内含24个微课）。

（1）园本课程来源更加丰富：我们的园本课程内容分别从预设课程、孩子的兴趣点和需要、节日活动和热点话题以及家长的特殊经历和资源中生成，生成渠道更加广阔。

（2）资源利用更充分：我们不仅提倡教师制作微课，还鼓励家长与幼儿一起拍摄微视频，还选择一些优秀的网络微视频进行资源整合。

（3）在课题实践过程中，全园教师和家长通过关于家园合作活动的研讨、开展，探索了如何利用微课程围绕幼儿园课程建设与实施，如何有效进行家园互动的策略，积累了在家园共育活动中开展微课的经验，撰写了一批高质量的

研究论文，对有效利用微课开展家园共育有着显著的借鉴和推广作用。

九、有待进一步研究的问题

微课在家园共育中有着积极的研究价值，给幼儿园教学带来了极大的便利，对幼儿的成长也有一定的好处。但是，如何利用微课使幼儿园教学形式变得更加新颖直观，更好地发挥微课在家园共育中的积极作用？如何将微课更好地在教学活动中呈现？如何虚拟出儿童在活动中的不同表现以及存在的各种问题，并对此做出充分的预设和处置，进而在此基础上进行有针对性的引导和点拨？这些都是可以进一步深入研究的问题。

十、附录

（一）课题研究前期阶段的家长调查问卷

尊敬的家长：

您好！微课作为"互联网＋教育"背景下的新生产物，被广泛地应用于幼儿教育中。我园也成立了"微课在家园共育中的实践研究"课题组，我们将微课应用于部分学科的教学中。为了了解微课使用的可行性，需要您填答此问卷，本卷采用匿名调查，您所提供的所有资料将对外严格保密，您不必对此有任何顾虑，请如实填答，谢谢合作！

1. 您的孩子所在的班级（　　　　）。

A. 小班　　　　　　　　　　　B. 中班

C. 大班

2. 您是否了解微课？（　　　　）

A. 知道　　　　　　　　　　　B. 听说过

C. 利用微课进行过学习

3. 您是否会对孩子进行微课学习指导？（　　　　）

A. 经常　　　　　　　　　　　B. 有时

C. 偶尔　　　　　　　　　　　D. 几乎不会

4. 您对孩子进行微课学习的接受程度（　　　　）。

A. 完全接受　　　　　　　　　B. 可以接受

C. 不太接受　　　　　　　　　D. 不能接受

5.您对微课的定位是（　　）。

A.授业（课堂教学的一种方式）　　　B.解惑（课堂教学的延伸）

C.两者都有

6.您认为微课最吸引您的是什么？（多选）（　　）

A.时间短　　　　　　　　　　　B.视频形式

C.知识点集中，有针对性　　　　D.很潮，够酷

7.您对微课应用于课堂教学的意见是（　　）。

A.赞同　　　　　　　　　　　B.无所谓

C.反对

8.您认为微课能提高孩子兴趣，增加与孩子的交流吗？（　　）

A.能　　　　　　　　　　　B.一般

C.不能

9.对于微课的使用，您更偏向于（　　）。

A.在课堂上使用微课

B.在家里与孩子复习学校学过的知识

C.在家使用微课学习新知识

D.无所谓

10.您对在幼儿园活动后进行微课复习有什么看法？（　　）

A.有效，会用　　　　　　　　B.有效，但无兴趣

C.无效

11.您是否接受老师布置网上微课学习的作业？（　　）

A.完全接受　　　　　　　　B.可以接受

C.不太接受　　　　　　　　D.不能接受

12.您认为微课的使用频率最合适是（　　）。

A.每周一次　　　　　　　　B.每两周一次

C.每个月一次

13.您认为微课学习的优点是（　　）。（多选）

A.提高孩子学习积极性

B.长期保存，随时复习

C.减轻孩子负担

14. 您认为微课学习的缺点有（　　　）。（多选）

A. 可能使孩子玩电脑上瘾

B. 影响孩子视力

C. 需要家长配合才能完成

15. 对于微课的学习，您的建议是：

_____

_____

_____

感谢您的作答，祝您万事胜意，生活愉快！

（二）基于微课的家园共育效果调研问卷（家长卷）

亲爱的孩子家长：

　　您好！感谢您百忙中抽空填写本问卷，我们希望通过您的反馈来了解家园共育中，孩子观看微课后的学习效果，以便更好地开展我们的教学设计与研究。本调查尊重研究伦理，问卷所得资料绝对保密，请放心填答。若对本研究有任何问题，可与我们联络。再次感谢您的热心协助，并感谢您提出宝贵的意见。谢谢！

肇庆市直属机关第二幼儿园

一、基础信息

1. 您的性别（　　　）。

A. 男　　　　　　　　　　　B. 女

2. 您的年龄段（　　　）。

A. 18岁以下　　　　　　　　B. 18～25岁

C. 26～30岁　　　　　　　　D. 31～40岁

E. 41～50岁　　　　　　　　F. 51～60岁

G. 60岁以上

3. 您的受教育程度（　　　）。

A. 初中及以下　　　　　　　B. 高中及中专

C. 大专/本科　　　　　　　　D. 研究生及以上

二、孩子资料

1. 您宝贝的姓名：_____。

2. 您宝贝的性别（   ）。

A. 男   B. 女

3. 您宝贝的年龄：_____岁。

4. 您宝贝的班级（   ）。

A. 大班   B. 中班

C. 小班

三、对微课作品的评价

1. 微课的知识精练，能够帮助理解知识。（   ）

A. 完全不同意   B. 不同意

C. 不确定   D. 同意

E. 完全同意

2. 微课能有效解决学习过程中的重难点。（   ）

A. 完全不同意   B. 不同意

C. 不确定   D. 同意

E. 完全同意

3. 微课的内容严谨充实，无科学性、政策性错误，能反映社会和学科发展。（   ）

A. 完全不同意   B. 不同意

C. 不确定   D. 同意

E. 完全同意

4. 微课的教学目标明确，思路清晰，符合孩子的认知规律。（   ）

A. 完全不同意   B. 不同意

C. 不确定   D. 同意

E. 完全同意

5. 微课运用合理的信息技术手段，注重调动孩子的学习积极性。（   ）

A. 完全不同意   B. 不同意

C. 不确定   D. 同意

E. 完全同意

6. 微课的设计构思新颖，内容丰富，富有创意。（   ）

A. 完全不同意   B. 不同意

C. 不确定　　　　　　　　　　　　D. 同意

E. 完全同意

7. 微课的画面整体感强，构图完整，符合艺术审美规律。（　　　）

A. 完全不同意　　　　　　　　　　B. 不同意

C. 不确定　　　　　　　　　　　　D. 同意

E. 完全同意

8. 微课的声音设计有感染力，包括对白配音、音效设计、背景音乐等。
（　　　）

A. 完全不同意　　　　　　　　　　B. 不同意

C. 不确定　　　　　　　　　　　　D. 同意

E. 完全同意

9. 微课的趣味性强，观看方便，具有丰富的图片、音乐。（　　　）

A. 完全不同意　　　　　　　　　　B. 不同意

C. 不确定　　　　　　　　　　　　D. 同意

E. 完全同意

四、对孩子学习效果的评价

1. 孩子在家学习微课时，表现出了很大的兴趣。（　　　）

A. 完全不同意　　　　　　　　　　B. 不同意

C. 不确定　　　　　　　　　　　　D. 同意

E. 完全同意

2. 孩子在家里每周进行微课学习的频次为（　　　）。

A. 0~1次　　　　　　　　　　　　B. 2~3次

C. 4~5次　　　　　　　　　　　　D. 6次及以上

3. 孩子能否坚持完成每一次的微课学习？（　　　）

A. 不能　　　　　　　　　　　　　B. 不确定

C. 能

4. 孩子不能坚持完成微课的原因为（　　　）。（多选）

A. 微课制作粗糙，不吸引人

B. 家长没有时间播放或家长不在身边

C. 网络条件不稳定等，难以播放

D. 孩子没有兴趣学习

E. 认为没有必要学习

F. 其他_____

5. 学校提供的微课学习资源，能为孩子居家学习提供较大帮助。（　　）

A. 完全不同意　　　　　　　　　B. 不同意

C. 不确定　　　　　　　　　　　D. 同意

E. 完全同意

6. 孩子通过微课学习，能够积累更多知识。（　　）

A. 完全不同意　　　　　　　　　B. 不同意

C. 不确定　　　　　　　　　　　D. 同意

E. 完全同意

7. 孩子通过微课学习，更有礼貌、更懂事了。（　　）

A. 完全不同意　　　　　　　　　B. 不同意

C. 不确定　　　　　　　　　　　D. 同意

E. 完全同意

8. 您认为基于微课的家园共育过程中，对孩子哪方面的帮助最大，请排序：

_____

A. 知识积累　　　　　　　　　　B. 良好习惯养成

C. 为人处世　　　　　　　　　　D. 动手实践能力

E. 其他

9. 您希望在家园共育中，学校能进一步提供哪些方面的帮助？（选3项或排序）

A. 提供更多的微课资源　　　　　B. 提高现有微课资源质量

C. 增加教师的互动答疑　　　　　D. 提供家庭教育方面的指导

E. 其他

10. 您对我们目前的教学和服务感受如何，请打分。（满分10分）

_____

11. 您对我们的教学有什么建议？

_____

感谢您的作答，祝您万事胜意，生活愉快！

（三）微课资源

1. 多媒体课件

在微课制作前，课题组教师首先进行了多媒体课件的制作，通过对课件修改打磨，为后续微课的制作打下基础。部分多媒体课件如图2-19至图2-25所示。

1.立春—张恒婵	2.雨水—郭玉婷	3.惊蛰—林妮	4.春分—张恒婵	6.谷雨—林妮
6.谷雨—冯艳珊	7.立夏	8.小满—周秀秀	9.芒种	10（1）
10（2）	10.节气小暑介绍	11.大暑—冯艳珊	12.立秋—李燕好	13.处暑—林妮
14.白露	15.秋分	16.寒露合成	17.霜降	21.大雪—郭玉婷
22.冬至—冯艳珊	23.小寒—李璐	24.大寒（合并）	二十四节气——小满	漫说节气——寒露
小满的习俗	终极版本——处暑（林妮）			

图2-19　二十四节气课件

图2-20　小班《刷牙》课件

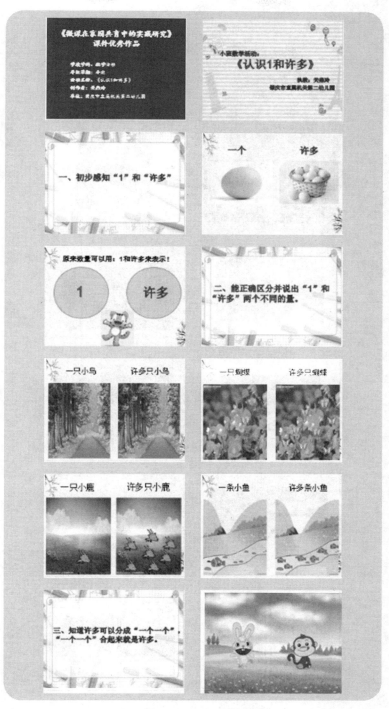

图2-21　小班《认识1和许多》课件

图2-22　中班《我喜欢自己》课件

图2-23　中班《世界地球日》课件

图2-24 大班《认识电池》课件

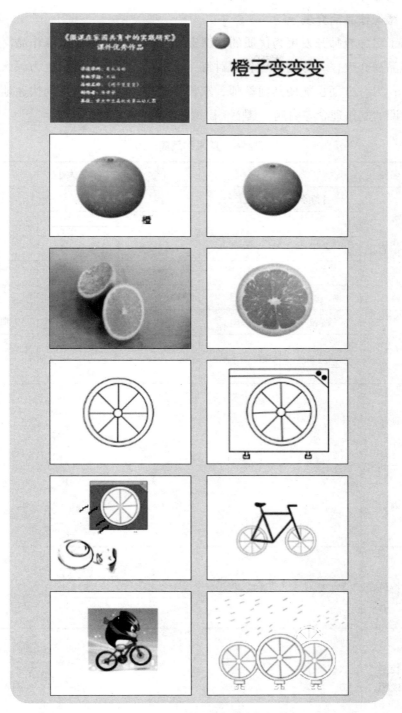

图2-25 大班《橙子变变变》课件

2. 微课作品简介表

为了引导教师开发更为优质的微课资源，课题组设计了微课作品简介表，通过作品简介表，一方面引导教师对每一个微课的制作都进行更为深入、科学的思考；另一方面也能使其他教师、家长等通过作品简介表更为快速地把握每一个微课的制作理念与内涵。其中，微课作品简介表如表2-6所示。

表2-6　微课作品简介表

微课名称		学科		作品大小	
作者信息	作者姓名		所在单位		
联系人	姓名	联系电话	通信地址		邮编
设计理念					
教学内容					
创新特色					
安装运行说明					

部分教师的微课作品简介表及优秀微课如图2-26至图2-32所示。

微课名称	小兔的新家	学科	数学	作品大小	13.76MB
作者信息	作者姓名		所在单位		
	张恒婵		肇庆市直属机关第二幼儿园		
	梁颖卉		肇庆市直属机关第二幼儿园		
联系人	姓名	联系电话	通信地址		邮编
	张恒婵	2233987	肇庆市端州区宝月路32号		526040
设计理念	"排序"是经常进行的一种计算机操作,其目的是将一组"无序"的记录序列调整成"有序"的记录序列。本活动让幼儿在游戏情境中运用观察、比较等方法进行排序操作,既符合小班幼儿年龄特点,又能让幼儿在有趣的体验中理解排序的实际意义,引起幼儿对数学活动的好奇和探索兴趣				
教学内容	(1)培养观察、比较能力和初步的判断推理能力。(2)学习按照物体的颜色间隔排序,乐意用语言表达自己的排序方法。(3)在游戏情境中体验帮助别人以及成功的快乐				
创新特色	(1)创设有趣、直观、形象的情境,引导幼儿有序地进行观察与操作。(2)让幼儿始终以角色身份参与游戏,既符合小班幼儿年龄特点,又能让幼儿在有趣的体验中理解排序的实际意义				
安装运行说明	本微课为MP4格式,支持各种视频播放器				

图2-26　小班《小兔的新家》简介表

微课名称	小熊车行	学科		语言	作品大小	15.1MB
作者信息	作者姓名			所在单位		
	林妮			肇庆市直属机关第二幼儿园		
联系人	姓名	联系电话		通信地址		邮编
	林妮	2233987		肇庆市端州区宝月路32号		526040
设计理念	人口膨胀、沙漠蔓延、森林锐减、水源污染、酸雨肆虐、垃圾成灾、臭氧层被破坏、温室效应加剧、珍稀动物濒临灭绝……人类已面临着如此严重的挑战，环境保护日益成为全球共同关注的焦点。《3～6岁儿童学习与发展指南》指出："与孩子一起体验人与自然和谐相处的美妙和真谛，敬畏大自然。"对孩子进行环保教育，提倡"保护环境，从小做起，从我做起"是我们义不容辞的责任					
教学内容	通过本活动，幼儿初步理解故事内容，能够大胆地表述自己的想法。通过谈话、讨论，了解机动车尾气给人和环境带来的危害，提高关心和保护环境的意识					
创新特色	中班幼儿年龄较小，缺乏保护环境的意识，通过本微课教学能初步培养幼儿、家长了解身边环境和保护环境的意识。同时把微课用于家园共育中，家长可利用微课视频作为教育的契机，让幼儿运用观察、分析等手段发现问题，走进社会。通过提问讨论的方式鼓励幼儿表达自己的想法，促进亲子情感的交流和互动					
安装运行说明	本微课为MP4格式，支持各种视频播放器					

图2-27 中班《小熊车行》简介表

微课名称	吃安全健康的食品	学科	健康	作品大小	23.3MB
作者信息	作者姓名		所在单位		
	林妮		肇庆市直属机关第二幼儿园		
	邓颖		肇庆市直属机关第二幼儿园		
联系人	姓名	联系电话	通信地址		邮编
	林妮	2233987	肇庆市端州区宝月路32号		526040
设计理念	"民以食为天"，食品卫生和安全是与我们日常生活息息相关的话题，随着近年来一个个触目惊心的食品安全问题频频曝光，让我们更加担心孩子们的饮食健康。可见，让幼儿学会食品健康安全知识是件非常重要的事情。于是设计了本节活动，旨在让幼儿增强食品健康安全意识				
教学内容	通过本活动，让幼儿知道识别食品包装上的生产日期以及安全标志，能区分哪些食品是安全的，哪些食品存在安全隐患，从而增强食品安全意识，提高幼儿食品安全自我保护能力，培养幼儿良好的饮食卫生习惯				
创新特色	通过时下大家最重视和关心的话题，并在"微课在家园共育中的实践研究"课题中开展，通过借助高新技术的教育手段优化教学，让一个本来乏味的话题通过生动、互动、活泼的动画形式呈现给幼儿，提高幼儿自主学习的积极性。同时也是亲子互动的一个良好话题				
安装运行说明	本微课为MP4格式，支持各种视频播放器				

图2-28　大班《吃安全健康的食品》简介表

微课名称	大树	学科		语言	作品大小	18.3MB
作者信息	作者姓名			所在单位		
	陈晓君			肇庆市直属机关第二幼儿园		
	冯艳珊			肇庆市直属机关第二幼儿园		
联系人	姓名	联系电话		通信地址		邮编
	冯艳珊	2233987		肇庆市端州区宝月路32号		526040
设计理念	随着信息化时代的发展，微课作为一种新型网络教学资源，其中涉及音频制作、视频拍摄剪辑、PPT制作等多样的技术手段。微课是以阐释某一知识点为目标，以短小精悍的微视频为载体，以学习或教学应用为目的的教学活动。虽然微课时间短，但设计和制作精良，讲解细致，知识点小而明确，让幼儿的学习效率高、效果佳					
教学内容	结合中班幼儿年龄特点，利用多媒体教学设计这节语言活动，通过故事问题引入：这些树是什么样子的？你喜欢吗？这个人在干什么？他手上拿着什么？大树被砍倒了，小鸟们都有什么表情？它们为什么会这样？让幼儿了解故事的进展，体会故事中不同角色的情绪、情感，故事就是要引导幼儿树立爱护环境、爱护大自然的意识					
创新特色	通过微课的新型教学模式，不仅改变了以往的教育形式，激发了幼儿主动参与、主动探索、主动发现的积极性，同时本节活动更能引导幼儿增强环境保护意识，探讨树的重要性					
安装运行说明	本微课为MP4格式，支持各种视频播放器					

图2-29 中班《大树》简介表

3. 优秀微课

蔡銮青、王红红小班语言活动《小蓝和小黄》　关燕玲小班数学活动《认识1和许多》　郭玉婷、李燕好小班语言活动《松鼠的眼泪》　黄丽婷小班语言活动《爱上幼儿园》　刘佳琦、李桂娥小班健康活动《预防病毒我不怕》

刘佳琦、李桂娥小班综合活动《大年三十除夕日》　卢秀冰小班科学活动《叶子的秘密》　罗嘉敏小班语言活动《小金鱼逃走了》　罗嘉敏小班语言活动《小乌龟上幼儿园》　吴迪、韩克静小班社会活动《弟子规——凡是人皆需爱》

冼秀兰小班语言活动《妞妞变妈妈变》　张恒婵、梁颖卉小班数学活动《小兔的新家》　张玲玲、王杏玲小班科学活动《美丽的动物》　张玲玲、王杏玲小班科学活动《水果切切切》

图2-30　小班部分优秀微课

陈书耘中班科学活动《豆豆潜水员》　陈晓君、冯艳珊中班语言活动《大树》　邓颖中班社会活动《在妈妈肚子里》　郭玉婷、黄安妮中班语言活动《爱画画的公主》　郭玉婷中班美术活动《仙人掌》

黄丽婷、卢秀冰中班美术活动《树叶印画》　李静中班科学活动《神奇的空气》　林妮中班健康活动《食物的旅行》　林妮中班语言活动《小熊车行》　罗嘉敏中班美术活动《剪纸窗花》

罗嘉敏中班语言活动《没有耳朵的兔子》　满小玲中班教育活动《弟子规》《谨做客》　苏楚云、杨秀榆中班数学活动《首先班语言活动《纸有一个苹果》　王威、陈书耘中箱妙妙妙》　吴迪、黄安妮中班美术活动《小老鼠存钱罐》

图2-31　中班部分优秀微课

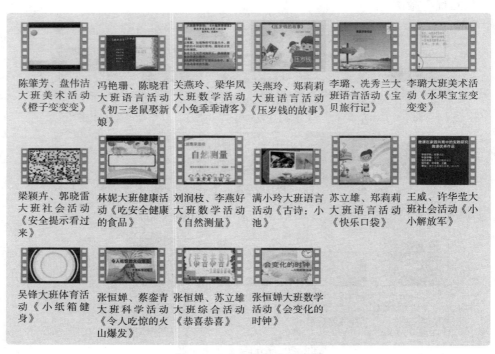

图2-32 大班部分优秀微课

（四）教师微课获奖证书

（1）课题组微课作品于2018年肇庆市教育计算机软件评审活动中，有2项作品获奖，如图2-33所示。

图2-33 2018年肇庆市教育计算机软件评审活动获奖证书

（2）课题组微课作品于2018年广东省计算机教育软件评审活动中，有1项作品获奖，如图2-34所示。

图2-34 2018年广东省计算机教育软件评审活动获奖证书

（3）课题组微课作品于2019年肇庆市教师教育教学信息化交流及新媒体新技术应用活动中，有11项作品获奖，如图2-35所示。

图2-35 2019年肇庆市教师教育教学信息化交流及
新媒体新技术应用活动获奖证书（模板）

（4）课题组微课作品于广东省教育"双融双创"行动暨2019年教师教育教学信息化交流及新媒体新技术教学应用活动中，有7项作品获奖，如图2-36、图2-37所示。

图2-36 广东省教育"双融双创"行动暨2019年教师教育教学信息化交流
及新媒体新技术教学应用活动获奖证书（模板）

图2-37 论文获奖证书（模板）

参考文献

［1］刘焕丽.网络时代探索微课创新家园共育新模式的研究［J］.理论界，
　　2016（1）.

［2］徐连莲.浅议"微课"在家园共育中的实践价值［J］.新课程·上旬，
　　2017（1）.

［3］莫晓鑫.微课承载家园共育的新思路［J］.家教世界·现代幼教，2017
　　（1）：60–61.

［4］徐连莲.当微课走进"家园共育"［J］.小学科学（教师版），2016
　　（1）：17–17.

［5］沈璐.在微课中实现"家园共育"［J］.考试周刊，2017（77）.

［6］吴瑾."微课"让《3～6岁儿童学习与发展指南》走进"家园共育"
　　［J］.新课程·上旬，2017（1）.

［7］吴瑾.微课，让家园共育"动"起来［J］.考试周刊，2015（A0）：193.

［8］许惠莲.论微课在小班健康领域研究中的有效开展［J］.新课程·上
　　旬，2017（1）.

［9］胡春春.微课在幼儿园中的应用与思考［J］.好家长，2015（50）.

［10］何怡.幼儿园5分钟生活微课的设计与运用［J］.新课程·小学，
　　2016（8）.

［11］果鑫磊.关于新型教学模式"微课"的一点思考［J］.学园，2016（8）.

［12］刘瑞霞. 基于微课的翻转课堂教学模式研究［J］. 学园，2015
　　　（31）：36-37.

［13］闵柳燕. 谈幼儿园家园共育"微课"资源的创建策略［J］. 好家长，
　　　2018（38）：201.

［14］曹舒雯. 搭建微课平台，促进家园共育［J］. 好家长，2018（38）：101.

下　篇

微课在家园共育中的实践研究成果

通过微课促进教师信息化教学水平的提高

肇庆市直属机关第二幼儿园　梁华凤

大数据时代的到来，人们获取知识的形式、途径越来越多样化，微课是目前广泛应用于教育领域的一种新形式，其具有简短、精练、重点突出的优势，并且未来向着知识点系统化、区域资源建设规模化的方向发展，因此具有广阔的发展前途。幼儿教育领域对幼儿教师信息化水平的要求越来越高，而通过微课让教师开展信息技术和五大领域教学整合的探究活动，不但可以提升教师的信息化水平，提高幼儿教师的工作效率及学习效果，而且能够促进幼儿多种素质的提高。文章探讨了如何通过微课促进幼儿教师信息化水平的提升。

一、幼儿教育中信息技术的重要作用

信息化环境下，信息技术被广泛应用于各个领域。现代信息技术具有声像结合、图文并茂、内容丰富、形式多样的特点，在幼儿教育中应用信息技术可大大提高知识的直观性，有利于心智发育尚不成熟的幼儿更直观地理解知识，充分调动幼儿的各种感官，吸引其积极主动地参与学习，丰富幼儿感知，活跃幼儿思维，培养幼儿的想象力及创造力，因此在幼儿教师的培养过程中有意识地提升教师的信息技术水平具有重要意义。具体而言，在幼儿教育中信息技术的重要作用主要体现在以下几个方面。

首先，信息技术可以激发幼儿的学习兴趣。幼儿尚未养成良好的学习习惯，且缺乏主动学习的意识，因此兴趣是幼儿学习的内驱力。应用信息技术制作的多媒体课件不仅包括色彩丰富的图片，还有灵动活泼的视频，更能使幼儿获得直接的刺激，使其主动地参与到学习中来。

其次，信息技术可以丰富幼儿的感性认知。幼儿的思维特点以具体形象思维为主，在日常学习活动中针对一些抽象的内容，则可以应用信息技术引导幼儿获得直接的感知，为幼儿创造身临其境的环境。比如，在学习"种子的传播"这一课时，孩子们接触大自然的机会很少，所以无法直观地看到种子的传播方法，而应用信息技术制作的多媒体课件就能将种子传播的过程直观地展示出来，可以更好地解决幼儿认知困难的问题，丰富幼儿的感性认知。

最后，信息技术还可以提高幼儿教师的工作效率。传统的幼儿教学需要制作大量的教具、挂图，这个过程会耗费教师大量的时间与精力。而应用信息技术可以从网络上收集丰富的课程资源，应用各类软件制作课件，可以大大提高教师的工作效率，使其有更多的精力专注于与幼儿的互动。

二、微课的特点

微课是指以教学设计思想为基础、应用多媒体技术制作一个针对某个知识点进行讲解的音频或视频，音频或视频的时长不超过10分钟。相比于传统课件，微课体现出时间短、内容精练、容量小、情境化的特点。

首先，时间短。微课的时长不超过10分钟，学习者可以高度关注视频所呈现出来的内容，大大提高学习效率。而且，教师可以针对知识点进行有逻辑、清晰、完整的讲解，让幼儿能够更明白活动的重点。

其次，内容精练。传统课堂上有充分的时间讲解各类知识点，但是对幼儿教师而言，其需要一边工作一边学习，时间呈碎片化，针对一个知识点没有足够的时间进行学习，因此微课的内容选择就以重点、难点为主，讲解或展示某个知识点、某个问题的针对性、目的性更强，以满足不同学习者的个性化需求。

再次，容量小。微课视频采用的是支持网络在线播放流媒体的格式，容量仅有几十兆，不仅便于幼儿教师在线观看课件，而且便于在移动端下载观看，大大提高了学习时间及空间的灵活性，便于其进行移动学习和泛在学习。

最后，情境化。微课的拍摄场景并不局限于传统的课堂，而是可以设置一些与课程主题密切相关的场景，这种情境化的课程拍摄手法可以将学习者快速带入学习氛围中，更好地提高学习者的学习效果。

三、微课在提升幼儿教师信息化教学水平中的具体应用

（一）微课的实施及反馈

确定了课程目标后，要合理选择课程内容。微课课程主要针对知识的重点、难点进行讲解，因此要以课程教学要求为重要依据。要想提高信息技术水平，首先，幼儿教师要掌握系统的计算机操作等基础知识，包括图片处理、视频剪辑等后续制作课件时需要用到的技术；其次，幼儿教师还要具备较强的信息检索及收集能力，知道从各种网站、移动客户端等检索有效信息，用以制作课件；最后，幼儿教师还要具备鉴别信息的能力，如网络信息质量良莠不齐，幼儿教师要选择其中最有价值的信息应用到教学课件中等。

微课的实施主要有两种：一种是课前观看，另一种是将微课作为教学资源进行嵌入式教学。课前观看就是提前观看培训讲师录好的课程，然后在课堂上进行个性化的辅导。而嵌入式教学则是在必要的知识点处播放微课课件，与传统的教学方法融合在一起。课后需要设置与课程内容相关的练习题，完成练习后才能进行下一阶段的微课学习，及时检测学习者的学习效果，可保证其学习过程的连贯性、有效性。最后进行课程评价。可以在微课平台上进行不记名的课程评价反馈调查，及时追踪课程教学效果。微课教学平台可以设置课程推送提醒功能，提醒学习者及时完成学习。

为了更好地提升教师制作微课的水平和应用信息技术的能力，我园于2018年1月邀请了华南师范大学刘繁华教授给全园教师进行了微课制作培训；2019年4月，梁华凤副园长也为全园55名教师进行了"巧用PPT制作课件，让课件更精彩"的课件培训，不断提高教师现代信息技术的应用水平。

（二）建立资源丰富的微课平台

我园各部门配备办公电脑，各班配置一体机，开通了校园网，建设了一间全自动化的录播室，建立了教育网络资源库，录入我园教师制作的课件和微课作品100多个，最大限度地实现资源共享。物质条件的完善为我园教师开展微课的学习和教学提供了坚实的保证。2018年8月，我园市级课题"微课促进家园共育的实践研究"已经立项，通过课题研究，一方面要应用微课提高幼儿教师的信息技术水平；另一方面也要在幼儿教师的日常教学工作中普及微课的应用，使其在日常工作中有更多机会接触信息技术及微课，不断强化其信息意识。

幼儿园在自身经济实力、人力资源都允许的前提下，可以考虑建设自己的微课资源平台，除了日常幼儿教育中应用的各类课件外，专门辟出一个模块用于教师学习信息技术。登录微课资源平台后，幼儿教师不仅可以在平台上分享自己的微课课件，还可以参考其他人的课件，更重要的是可以在平台上学习信息技术，将微课资源平台的作用充分发挥出来。当然，微课平台的建设除了幼儿园自身外，还可以联合其他幼儿园、当地教育部门等共同维护、建设，进行资源分享，丰富微课平台的资源存储。幼儿教师的职业特点就是具有较强的实践操作性，信息技术微课也强调实践操作，注重幼儿教师实践能力的培养。此外，教育部门要发挥其导向作用及扶持作用，为幼儿园微课资源平台的建设提供支持，给予一定的资金补助以用于购买专业的服务及配套资源。教育部门可以采用政府购买的方式聘请专业机构进行微课资源平台的建设及维护，并做好质量检查工作，建立微课质量评估机制，筛选优质课件，以增强培训效果。如果教育部门存在一定的现实困难或幼儿园自身的现实条件也允许，也可以采用因陋就简的方法。微课的设计、制作及应用均比较大众化，因此对录制课件的环境及设备要求相对较低，幼儿园只需提供比较安静的拍摄环境即可，如独立的教室或办公室。拍摄设备只需一个像素较高的手机或摄像头即可，再加上一台电脑、一个话筒，就能够完成几分钟的视频录制，在移动设备大面积普及的现在很容易实现。

四、结语

可以说微课是"微时代"发展到一定程度的产物，作为一种新型的移动在线教学资源，其具有短小精悍的优势。在幼儿教师的信息技术水平培训中应用这种形式，可以将幼儿教师的碎片化时间充分利用起来，且知识点集中，大大提高了幼儿教师在职培训的效率及效果。可以预见，在未来的教育领域，微课的作用会得到越来越多的认可，将其引入幼儿教育也会成为一个必然趋势。

参考文献

[1]郝新莲.试论信息化环境下幼儿教师信息素养现状及培养策略研究[J].中国民族博览，2018（10）：64-65.

［2］李金霞，徐祖胜.“互联网+”背景下幼儿教师信息素养提升策略研究
［J］.齐齐哈尔师范高等专科学校学报，2018（3）：5-6.

［3］谢优优，刘胜洪.新常态下民办高校适用型人才培养模式探索——以
汉口学院为例［J］.煤炭高等教育，2016，34（5）：88-91.

［4］邱微微.信息化环境下幼儿教师信息素养现状及培养策略研究［J］.佳
木斯职业学院学报，2017（8）：178-179.

［5］范敏.信息技术环境下本科翻译人才创新培养模式研究［J］.山东师范
大学学报（人文社会科学版），2015，60（3）：115-120.

家园共育中微课的应用研究

肇庆市直属机关第二幼儿园　梁华凤

信息环境中，幼儿教育也要与时俱进，不断改革自身的教学方法、教学理念。现代的幼儿教学体系不再是单纯的家庭式教育或者校园式教育，而是将家庭与幼儿园有机地结合在一起，融会贯通，才能真正做到因材施教，老师才能更好地了解幼儿在家庭中的情况，家长也能够更好地了解幼儿在幼儿园的情况，有助于家园双方更准确地把握每个孩子的学生与生活。微课是一种新型的授课方式，老师将教学中的重点、难点制作成微课课件，家长和孩子通过特定的学习平台对微课课件进行反复学习，可以更好地改善家园共育的效果。文章就微课在幼儿教育家园共育中的具体应用进行了探讨。

一、微课在家园共育中的应用情况调查

为了解微课在家园共育中的实施价值，笔者以肇庆市直属机关幼儿园幼儿家长为调查对象，调查了家长对微课学习的态度，结果如下。

（一）您的孩子喜欢使用微课进行学习吗

如图3-1所示，近七成的幼儿喜欢微课学习，说明微课的学习内容和形式符合幼儿的年龄特点，利于培养幼儿的学习兴趣；但30.35%的家长表示不确定幼儿是否喜欢微课学习，这就需要家长们多关注幼儿对微课学习的反应和态度，陪伴幼儿一起进行微课学习，有利于提高幼儿对微课学习的兴趣和增强快乐体验。

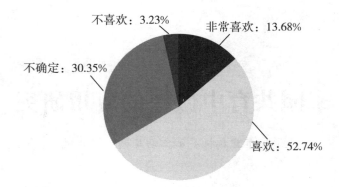

图3-1　幼儿是否喜欢使用微课进行学习

（二）您的孩子喜欢什么类型的微课

如图3-2所示，图文讲解型微课最受幼儿喜欢，其次是操作示范型，说明幼儿视听能力和动手操作能力发展较好。

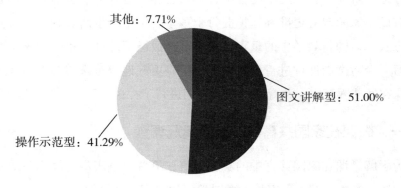

图3-2　幼儿喜欢的微课类型

（三）请问您对孩子进行微课学习指导频率如何

如图3-3所示，家长对幼儿微课学习进行经常性辅导的仅占18.91%，反映出家长对幼儿的微课学习持"放养"态度，没有积极参与幼儿的学习，不利于幼儿学习兴趣和学习主动性的提升。

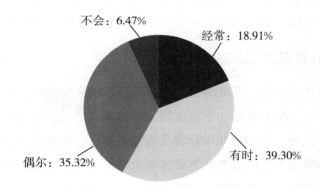

图3-3　家长对孩子进行微课学习指导频率

（四）您认为微课对幼儿教育的帮助程度如何

由图3-4可知，近八成的家长认为微课对幼儿学习有正向作用，说明微课的内容和形式得到了家长的认可，能够达到促进幼儿发展的目的。

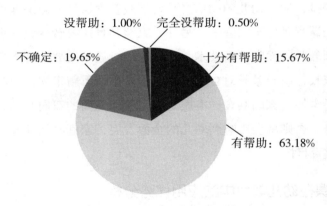

图3-4　家长认为微课对幼儿教育的帮助程度

家长会积极为幼儿提供微课资源，但缺乏陪伴和指导。调查显示，经常对幼儿微课学习进行指导的仅占18.91%，说明家长对幼儿的微课学习缺乏参与性，没有达到教育效果的一致性。绝大部分家长对微课这种新型教育资源持乐观态度，但近半数家长表示支持的同时伴有担忧，可见家长对微课缺乏深刻认识。要想让微课在幼儿教育领域的应用获得理想的效果，就要加大微课的宣传力度，让家长全面了解微课的优点、设计理念和设计方法等。此外，家长除了通过教师获得资源外，更会自主通过其他途径获得资源，比如课程购买和网络搜索，这说明家长非常认可微课是幼儿学习非常有效的方式，并渴望从中获得正确的儿童教育观，那么这就对微课的制作提出了更高的要求和新的挑战。

二、幼儿家园共育的内涵

新课程改革背景下，幼儿教育理念也发生了很大的变化，要将幼儿作为教育教学的主体，充分激发幼儿的自主性，不仅要丰富幼儿的知识储备，更要提升幼儿的各种技能，促进幼儿综合素质的全面发展。与传统的幼儿教育理念相比，现阶段的家园共育不仅要在方式方法上进行转变，也要从教育理念上进行彻底转变。传统的家园共育多由教师主动与家长进行单向沟通，且联系方式也比较单一，而现在的家园共育由教师的单向沟通转向家长与教师之间的双向沟通，提高家长教育孩子的积极性与主动性，通过与幼儿园的沟通了解幼儿在幼儿园的实际情况；而除了传统的面对面交流外，还可以通过微信、幼儿园信息平台等信息化手段与教师进行沟通，比如关注微信公众号，了解幼儿园的教学理念、课程安排，通过幼儿园的信息平台下载教学课件、微课课件，家长也可以将幼儿园的课程延伸至家庭等。另外，家园共育还要转变教育理念。信息环境下，幼儿园教师既面临着新技术、新理念的机遇与挑战，还要将全新的育儿理念灌输给家长，引导家长对自己的育儿理念进行重新审视，及时解决问题，提高育儿的科学性。家园共育的本质是家庭与幼儿园的双向互动，二者相辅相成、缺一不可，否则就会影响到幼儿的全面发展，家庭、幼儿园共同联手，最终达到幼儿教育目标。

三、微课在幼儿教育中的应用优势分析

（一）微课的形式

微课是指时间较短的课程，微课发展到现在主要表现为PPT式微课、讲义式微课、情境式微课三种形式。PPT式微课的组成要素包括文字、音乐、图片等，通过PPT软件向学生展示教学内容，课件时长在5分钟以内；讲义式微课是指老师根据教学目标将授课过程通过短视频的形式呈现出来，视频内容不超过10分钟，目前讲义式微课视频也是微课的主流形式；情境式微课是指将教学内容通过情景剧的形式拍摄出来，情景剧的拍摄需要导演、剧本等，因此这种形式的微课制作成本较高，应用范围也比较窄。无论哪种形式的微课，其主要目

的都是通过更生动的形式将教学重点、难点呈现出来，形成全面的教学资源，让学生可以反复观看这种直观性强、趣味性突出的内容，达到提高整体教学质量的目的。

（二）微课在家园共育中的应用优势

相比于传统的教学形式，微课在家园共育中的应用优势主要体现在以下几个方面。

1. 微课的教育理念符合幼儿的思维发展规律

幼儿注意力集中时间比较短，而微课的时间短、内容精练，非常适合幼儿的年龄特点。儿童的思维发展分为几个阶段，即感知运算阶段、前运算阶段、具体运算阶段、形式运算阶段等，学前幼儿的思维发展多处于前运算阶段，此时，幼儿的思维模式体现出直观形象性的特点。无论哪种形式的微课，都包含了小视频、丰富的图片等，可以向幼儿直观地展示教学内容，能够降低幼儿对抽象知识的理解难度，使幼儿接受起来更容易。

2. 微课的教学形式更符合幼儿的学习方式

学前儿童主要通过观察、模仿、体验等手段获取外界知识，而微课可以将知识直观地呈现出来，便于幼儿观察、模仿与体验。比如，老师要讲解一只小鸡的绘画过程，就可以先播放微课视频，完整地展示出小鸡的绘画步骤，这样既能让孩子了解到小鸡的具体形象，又能将小鸡的具体形象绘画出来。由于微课可以反复播放，家长可以通过幼儿园的信息平台让孩子反复练习，快速掌握画小鸡的技巧与步骤，完成家园共育。

3. 微课可以从某种程度上弥补教学的不足

幼儿园阶段的学前教育属于幼儿的启蒙教育，教师必须具备全面的专业素养，才能对幼儿的语言能力、逻辑能力、社交能力及观察能力等进行多方面的培养。然而术业有专攻，幼儿教师不可能具备各个方面都顶尖的专业素质，而微课视频不仅能帮助幼儿进行学习，也可以让幼儿教师选择自己专业较弱的方面进行反复学习，如观摩课件的制作方法、内容侧重点、呈现方式等，以弥补自身在教学方面的不足。

4. 强化家长家园合作的意识

虽然现阶段大部分家长对幼儿的教育态度都十分积极，然而也有部分家长尚未认识到家园共育的重要价值，缺乏必要的合作意识；还有一些专业教师也没有清晰地认识到家长在幼儿教育中的作用，未刻意强调幼儿的家庭教育。家长履行家园共育主体责任及义务时不够全面，对教师的依赖性很强。应用微课可以将课堂教学内容直接传递给家长，使家长对幼儿园的教学内容有更全面、细致的了解，强化家长的合作意识。

5. 丰富家长的育儿知识

家长的受教育程度会对幼儿的学习效果产生一定影响，然而家长的受教育程度存在较大差异，教育理念也各不相同。比如，有些幼儿的家庭以隔代教育为主，有些幼儿的父母受教育程度较低等，这些家长可能缺乏足够的育儿知识。而微课可以向家长传输更多的育儿知识，加强教师与家长的互动，无论家长的受教育程度是高还是低，都可以或多或少地获取一定的育儿知识，对家园共育的理念形成更准确、科学的认知。

四、家园共育中微课的具体应用

（一）微课的设计原则

微课的设计要遵循以下几个原则。首先，针对性。选择微课的内容必须具备极强的针对性，严格按照课程教学目标要求选择重点、难点内容，所有内容都必须服务于某个具体目标，包括知识目标、能力目标、素质目标等，而不能根据教师的个人喜好随意确定教学内容；而且，微课时间短、内容精练，通常只能服务于一个教学目标。其次，系统性。虽然微课的呈现形式多种多样，但是微课的设计内容必须遵循一定的逻辑规律，形成一个系统的、连贯的课程体系。再次，简洁性。微课的课程性质决定了其设计要遵循简洁性的原则，无论是内容、配图、画面还是音效，都要直观清晰、简洁明了，才能在更短的时间内吸引孩子的注意力，提高其学习效率及效果。最后，趣味性。设计课件时要选择能够吸引儿童、激发其学习兴趣的内容，如利用卡通人物形象、语音效果等来提高微课的趣味性，维持、强化孩子的参与度，以提高教学效果。

（二）微课的设计方法

幼儿教学中，微课设计的常用方法包括以下几种：首先，故事法。故事是非常符合幼儿年龄特点、知识特点及心理特点的形式，采用故事法制作课件，可以更好地激发幼儿学习兴趣。采用趣味性、生动性极强的故事呈现出教学内容，在课件中渗透故事所包含的情感体验，可以让孩子们以更轻松、愉悦的心态进入学习情境。其次，游戏法。玩游戏是儿童的天性，微课设计时要遵循儿童的身心发展特点及认知特点，设计出幼儿乐于参与、好玩有趣的游戏，真正做到寓教于乐，营造一个快乐的教学氛围。最后，交际法。交际能力是幼儿需要发展的重要能力之一，因此微课设计要充分体现教学内容的交际功能，根据教学目标设计一些常见的交际场景，通过人物对话、交际活动引导孩子处于相对真实的场景中，通过潜移默化的影响提高幼儿的交际能力。

（三）微课在家园共育中的具体应用

一方面，微课可以应用于培养幼儿的良好生活习惯。幼儿的生活习惯培养是幼儿教育的基本课程，教师可以根据幼儿的思维特点设计微课的内容，通过家园共育更好地开展幼儿养成教育。如洗手，饭前便后、手工操作后、户外游戏后都要及时洗手，教师可以将正确的洗手方法录制成微课视频，家长也可以通过视频学习，在家庭中、幼儿园中共同培养幼儿良好的洗手习惯。另一方面，在幼儿技能教学中应用微课，可以更好地提高教学效率。如在跳绳教学中，由于幼儿初学跳绳协调性较差，会觉得跳绳比较难。老师就可以将跳绳技术录制成微课视频，再由家长带领幼儿反复观看：如何甩绳、如何掌握节奏、如何双脚配合等，让幼儿学习跳绳的正确姿势，激发幼儿尝试的欲望。

参考文献

［1］陈炬锋，丘婷婷，王芬，等.运用翻转课堂培养幼儿英语学习兴趣的研究［J］.教育信息技术，2018（5）：17-20.

［2］孙蓓.微课在学前教育专业学生考证考编中的运用——以"幼儿园语言教育活动设计与实施"微课建设为例［J］.幼儿教育研究，2017（5）：274-275.

［3］邓海燕.微课在幼儿英语教育专业学生实践课程中的应用［J］.教育现代化，2016（15）：104-106.

［4］丁雪阳.双语幼儿园英语混合教学模式探析——基于混合学习理论［J］.南京晓庄学院学报，2016，32（4）：56-60.

［5］黄渊柏.对我国目前幼儿英语教学模式的几点思考［J］.幼儿园教育教学，2015（4）：55-56.

微而**精彩** 家园同行：

基于微课在家园共育中的探索

［6］胡铁生，黄明燕，李民.我国微课发展的三个阶段及其启示［J］.远程教育杂志，2019（4）：36–42.

［7］廖道胜.论中国幼儿英语教育史［J］.陕西师范大学学报（哲学社会科学版），2019（3）：134–142.

［8］刘华.幼儿园浸入式英语教学师资存在的主要问题及其解决对策［J］.学前教育研究，2019（6）：18–20.

探究幼儿园微信公众号内容的
开发与应用策略

肇庆市直属机关第二幼儿园 林 妮

本文主要探讨幼儿园微信公众号的内容开发与应用策略。笔者从明确幼儿园微信公众号的定位及服务对象、微信公众号内容的开发、内容的编辑要点、推送的技巧、推广方式等多种策略推动微信公众平台的有效运营，实现实体空间与信息空间的交融，建立专业化、成体系的平台运营模式，促进幼儿园、教师、家长等主体之间的紧密联系，共同建构以信息空间为枢纽的家园共育共同体。

一、微信公众平台应用于幼儿园管理及教育教学的必要性

随着信息技术的发展，智能手机日渐普及，微信等SNS（网络服务）的出现为构建家园双向互动平台提供了技术条件。从幼儿园和家长实际出发，借助微信平台，构建新型家园互动平台，是幼儿园顺应时代发展潮流而做出的重要选择。

随着微信的火热发展，微信公众号也应运而生。作为一种新型的媒体传播工具，越来越多的单位、商家、企业、个人通过申请开通微信公众号平台达到品牌宣传、推广、营销等目的，微信公众号平台也逐渐成为大家日常生活中获取信息不可或缺的一部分。微信公众号开发者通过语音、文字、图片、视频、音频等多种交流方式与粉丝之间进行互动，达到良好的交流效果。根据《幼儿园教育指导纲要（试行）》《3~6岁儿童学习与发展指南》精神，利用微信公众号的优势，将其应用于幼儿园管理及教育教学，能更好地构建幼儿园、家

庭、社区三位一体的教育模式，助力教育质量的提升。

二、明确幼儿园微信公众号的定位及服务对象

（一）明确幼儿园微信公众号的定位和目标

幼儿园微信公众号定位要明确和清晰，确定推送什么内容，达到什么目的。一般来说，微信公众号推送的文章一定是与幼儿发展紧密相关的，展示幼儿园的教育理念、园所文化、园本课题、幼儿的一日生活、园所特色、园所优势等，让家长、同行等感受到幼儿园的专业性和规范性，传播科学的育儿观念，增进家园互动交流。

（二）了解幼儿园微信公众号的服务对象

为达到幼儿园微信公众号平台内容精准推送的目的，首先要明确和分析我们的服务对象主体信息，主要包括以下三类。

一是核心服务对象应该是幼儿园的家长和教师。幼儿家长希望通过微信公众号平台了解幼儿园的办园理念与特色、幼儿在园开展的各类活动，实现在线上轻松与幼儿园、教师进行交流互动，发挥家园共育优势。对于教师而言，微信公众号平台能为他们提供一个展示的、与家长沟通的平台，建构工作共同体。

二是各地各类幼儿园的同行。幼儿园为同行提供可借鉴与参考的资源，做到优质资源共享，共同发展与提升。

三是更广泛的社会各种粉丝。这一类服务对象对微信公众号的需要和黏度各有侧重。他们对幼儿园微信公众号的关注具有随机性，日常可能不会特别关注幼儿园的微信公众号内容，多数是二级受众，就是通过一级粉丝的转发而了解某一些个别的推送内容。虽不是核心服务对象，但对于幼儿园品牌效应的打造，提高社会影响力具有重要作用。

三、幼儿园微信公众号内容的开发

（一）对幼儿园微信公众号推送内容的专门管理

幼儿园园长应组建一个专门运营幼儿园微信公众号的团队，明确分工，各司其职，包括编辑组、素材采集组、文稿撰写组、校对审核组、反馈信息处理组等。可根据幼儿园的园务计划制订每学期、每月、每周的公众号内容发布计划，安排好推文发布时间、提供素材、撰写文稿的人员、具体要求等。

（二）建议使用专题栏目的形式进行分类和开发

在确定幼儿园微信公众号的三类服务对象后，应针对其需求开发相关的微信公众号内容。建议使用专题栏目的形式进行分类和开发。

幼儿家长层面：可开发"办园特色""家园共育""爱·陪伴成长""故事妈妈""亲子微课堂""营养膳食""温馨提示""通知公告""幼儿活动""安全教育"等家园互动专栏。

教师及同行层面：可开发"教师风采""班级风采""教学研究""主题活动""幼教资源""优秀案例""微课堂"等展示、互动专栏。

社会广泛受众层面："园所动态""热点聚焦""喜报喜讯""心理成长屋"等，由于二级受众粉丝对微信公众号内容需求存在随机性、不稳定性及可变性，可根据实际情况进行分析及调整。

四、幼儿园微信公众号的内容编辑要点

（一）颜值担当——夺人眼球的题目及排版

一篇文章，最先吸引读者的是什么呢？毋庸置疑，是标题，标题是文章的眼睛。只有好的标题才能吸引读者点击，使读者通过阅读文章从浏览者变为粉丝。因此，我们拟定公众号推文标题必须遵循换位思考原则、百度收录原则、形式新颖有趣原则、悬念原则、关键词组合原则等，凸显文章主旨，满足用户的需求。

（二）巧用第三方编辑器

由于微信公众号平台后台提供的编辑功能有限，只有最简单的文章排版功能，排版的文章难免显得太单调了，不能吸引读者的眼球，因此我们可以借助一些功能更齐全的第三方编辑器来帮助设计出更多有特色的文章。如秀美排版编辑器、135微信编辑器、i排版编辑器、微助点微信编辑器、易点微信编辑器等。

（三）实力担当——正文的编辑与优化

推送的文章无论是内容还是排版，都要精益求精，以提升公众号的价值。我们在运用微信公众号平台编辑正文的时候，其编辑的形式是多种多样的，都能给粉丝带来不同的阅读体验。可利用以下六种形式传递公众号内容：文字形式、图片形式、图文形式、视频形式、语音形式、综合形式。

单纯运用文字的公众号文章不多，如在幼儿园微信公众号发布的推文中主

要包括"通知""温馨提示"等类型的内容，简单明了、针对性强。

关于图文形式，就是将图片与文字相结合，图文并茂，这一形式在幼儿园微信公众号推文中非常常见，且适合表现多个栏目的内容。

相比文字和图片，视频形式更具备即时感和吸引力，能在第一时间抓住粉丝的眼球，达到理想的宣传效果，但注意视频宜选用短视频或微视频，时间尽量不超过3分钟。如在幼儿园微信公众号发布的推文中描述大型活动的精彩瞬间（六一表演、亲子秀），知识点学习（健身操、七步洗手法、穿衣服小技巧、做手工）等时，插入小视频可使内容更丰富。

语音形式传递微信公众号平台征文是指将信息通过语音的形式发送到公众号平台上，这种形式可以拉近与粉丝的距离，感觉更亲切，同时也非常适用于幼儿园的"故事妈妈""朗读者"等栏目，把小朋友与家长一起讲故事的声音录制下来，配上绘本故事的图片或视频发布，让我们的小听众可以听到小伙伴熟悉的声音，激发他们乐于讲故事的兴趣。

综合形式，顾名思义，是把上述五种形式综合在一起运用于一篇文章里，集多种形式的特色于一身，兼众家之所长。读者在阅读时自然不会觉得乏味。

五、微信公众号内容推送的技巧

如上所述，公众号的运营需要一个团队共同完成，责任编辑负责定期或每天推送文章，保证公众号的平稳运行。

相关调查研究发现，用户的阅读高峰多集中在18：00—22：00，虽然也有白天的上下班和午饭的高峰阶段，但是完全不能和晚上相比。如果幼儿园要推送内容，就可以考虑选择晚上这个时段。推送文章的时间在晚上七八点钟较为合适，这时家庭晚餐基本结束，全家可以一起阅读文章，共享宝宝在园的美好时光，学习有趣的知识。

大多数用户的休息时间比较固定，为了培养用户的阅读习惯，公众号推送的时间最好相对固定，而且不要轻易改变。每日推送2～3篇文章即可，不必过多。

另外，每一类文章可以有专门的标志或者图片，比如通知类文章封面图可以用一个有提醒作用的小喇叭，宝宝在园情况封面图可以用快乐的儿童合影，故事推荐封面可以用一张竖起大拇指的图片。这样，家长一看封面就知道文章内容，方便筛选。

六、推广方式多样化

老师作为幼儿园的主力军，应担起重任。在家长会或者放学后与家长交流时主动介绍幼儿园公众号，邀请家长关注。

幼儿园还可以在大门门口、教室入口、人流量大的学校外墙等地方张贴公众号二维码，把二维码印在幼儿园的宣传单页、喷绘展架、宣传条幅、给孩子发的奖品上，增加关注人群，提升幼儿园知名度。同时，幼儿园可以利用QQ、微博、博客、朋友圈等平台做推广。

一个运营得当的幼儿园微信公众号，不仅是幼儿园的有效宣传方式，也是促进家园共育的良好工具。因此，幼儿园要立足自身特色，依托微信公众号打造鲜明的网络品牌，进一步凝练幼儿园的园本文化、传播专业的教育理念和园本特色，开发图文、语音、影像和多媒体交互等形式的产品，提升信息的时效性、适用性和趣味性等信息效用指标，加强与服务对象（家长、同行等）的互动。此外，充分利用和借助调查研究的手段，探索实体教学、教学科研与微信号建设的融合路径，共享教学资源，打造面向教师、家长、社会公众等不同群体共同参与的特色课程。

信息空间赋予了教育更多的可能性。微信公众号平台将幼儿园、教师、家长等主体联系在了一起，他们共同建构了一个以信息空间为枢纽、融合实体空间教育和管理工作的幼儿教育共同体。因此，幼儿园应充分利用微信平台的技术优势，积极探索和积累平台建设的有益经验，推动两个空间的有效融合，更好地为学前教育服务。

参考文献

［1］黄楚新，王丹. 微信公众号的现状、类型及发展趋势［J］. 新闻与写作，2015（7）：5–9.

［2］何秀凤. 微信公众平台在幼儿园管理中的运用与开发［J］. 学前教育研究，2014（11）：58–60.

［3］方倍工作室. 微信公众平台开发最佳实践［M］. 北京：机械工业出版社，2014.

浅析幼儿园微课程的内涵及实施策略

肇庆市直属机关第二幼儿园 林 妮

"互联网+"时代背景下，在线学习和移动学习成为一种新的发展趋势，运用现代化教育技术，以微课的形式开展教育活动，可以提升幼儿园教育质量，更好地促进幼儿的发展。本文对幼儿园微课程的内涵、实施意义进行了梳理，浅析了幼儿园微课程的实施过程，主要有确定内容、设计方案、整合素材、录制视频、编辑处理五个步骤，并对微课在幼儿园教学中引发的思考进行了探讨。

"微课程"教学理念是2008年由美国新墨西哥州圣胡安学院的高级教学设计师戴维·彭罗斯提出的，他认为微课程即将原有的课程分解到课时教学，再把课时教学继续分解为若干个微小的课程，帮助学生开展自主学习、自我探索、自我测评，最终达到提高教学质量的目的。在我国，2011年，广东省佛山市教育局胡铁生老师率先提出了"微课"概念，开始了微课程的探索，他认为微课程是根据新课程标准和课堂教学实践，以教学视频为主要呈现方式，反映教师在针对某个知识点或环节的教学活动中所运用和生成的各种教学资源的有机结合体。

一、什么是幼儿园微课程

微视频使用录像、音频（录音）、PPT、文本等作为教学的重要手段，与学习内容、学生的学习活动等结合起来，构成完整的微课程。

（一）幼儿园微课程的内涵

微课程是让学生自主学习的教师授课的微视频，是学生自主学习不可或缺的重要组成部分。幼儿园实行保教结合的教育，这一特点决定了幼儿园的微课程与其他教育阶段有着本质的区别，幼儿园教育不是一味地强调系统知识的学习，而是重视幼儿兴趣的培养和综合发展。在幼儿园，一日生活即课程，课程中渗透着儿童的情感与态度、知识与经验、能力与方法的发展。随着社会的发展与进步，家园合作也成为课程的一部分。教师可以用微课程的形式为幼儿家庭教育提供更为直观有效的指导，帮助家长掌握家庭教育的理念和方法。

因此，根据微课程产生的原因、背景、发展趋势和关注的侧重点，按照课程论的研究路径和研究规范，结合幼儿园教育的特色，将幼儿园微课程定义为：幼儿教师在教育实践活动中将觉察的表象、收集的资料、观察的结果、获得的经验、体验的情感、学会的操作技能、掌握的解决问题的方法等整合形成新的理念、概念、规则和方案等，以符合幼儿身心发展特点和认知规律的形式，编排成满足幼儿情感、知识、技能发展的内容，用现代多媒体技术手段呈现出来的教育形式。

这个解释包括四个方面的含义：一是幼儿园微课程的内容包括知识、技能、情感；二是幼儿园微课程的编排要遵循幼儿的身心发展特点和认知规律；三是幼儿园微课程必须通过现代多媒体技术手段呈现；四是幼儿园微课程可以突破时间、空间的限制而方便学习。

（二）幼儿园微课程的特点

幼儿园微课程首先具备微课程的一般性特点：有小而实的目标，围绕一个点，通过案例、数据、对比、隐喻等方式设计形成，短小精悍。

具体来说，主要有以下特点：内容上，包括情感类（如《学会说"感谢"》）、技能类（如"七步洗手法""叠被子小能手"）、知识类（如《神奇的转动》）；形式上，以游戏化的方式展开，这是幼儿园微课程的最大特点，还可以在家庭教育指导方面以游戏的方式开展活动，录制后发送给家长，帮助家长掌握正确的教育理念和方法；实施上，适用于幼儿园教育（如以各种动物走路的方式，用儿歌配上动画的方式展示给幼儿）、家庭教育（如指导家长如何用游戏化的方式和孩子一起"搭建停车场"）、幼儿自学（如关于"过年"的故事）。

二、为什么幼儿园要实施微课程

幼儿园教育具有活动性、游戏性等特点，直观、体验的方式更容易促进幼儿的学习与发展，信息化的学习方式也可从很大程度上弥补幼儿园教育的不足。

（一）微课程易于理解，符合幼儿具体形象的思维特点

从幼儿层面来看，微课以声像结合、图文并茂的方式开展活动，有利于吸引幼儿的注意力，使幼儿在学习过程中保持浓厚的兴趣，为幼儿提供自主学习的环境，无论是在幼儿园还是在家中，无论有没有教师、家长的陪伴，幼儿都能通过观看微课视频自主学习。例如，为引导幼儿掌握游泳安全常识，教师利用动画视频加文字讲述的方式呈现，有利于幼儿获得直观经验。

微课短而精，恰好符合幼儿注意力集中时间短的特点，但要在短短的时间内将教学要领清晰地展示出来，就要求教师语言简明扼要，逻辑性强，并易于幼儿理解。微课程应现代科学技术的发展而生，其实施空间开放，可以用网络直接推送的方式，适用于线上学习，这样可以最大限度地促进幼儿的学习与发展。

（二）微课的制作和运用促进了幼儿教师专业水平的提高

从教师层面看，微课是针对学习中的重点、难点或某一环节设计的，因此在选材和确定微课内容的过程中，教师深层次地思考教学目标和内容，研究重点和难点，寻找突破口，充分地研究学情，做到课堂无幼儿，心中有孩子，这本身就是一个"备教材、备孩子"的教学准备过程，进一步加深了教师对教材知识的理解。另外，教师通过设计、制作、实施微课程，可以提升专业水平，指导亲子交流，也可以促进优化家园合作方式。

（三）微课程零散化的内容选择、碎片化的时间安排符合幼儿园教育活动的需要

从幼儿园层面来看，班级管理常规内容耗费了幼儿园教师大量的时间和精力，许多教师说之所以经常扮演监督者的角色，就是因为总是要一遍遍强调常规。总是强调常规让教师难以完全以平等快乐的状态参与幼儿的活动，实际上，常规的内容很多，其实施不受特定时间段的约束，一日活动中处处渗透着常规的培养。教师可以设计特定的"微主题"方案，在一日活动中随机实施。

（四）微课有利于促进家园共育

家长把幼儿送到幼儿园，最大的愿望莫过于幼儿取得进步，特别是许多年轻父母受工作时间的限制，接送幼儿的任务大多交由老人负责，这样使得本该由父母和教师交流的机会越来越少，但是年轻父母又渴望有机会能与教师探讨教育理念，他们更需要一种新的教育模式来适应这种需求。抓住家长这一心理，为了让家长尽可能多地了解幼儿在幼儿园活动以及主动参与到教学中来，建议幼儿园建立微信公众号平台，同时也给家长发布微课视频，全景展示幼儿园的教育理念、教学模式以及幼儿在幼儿园的生活、学习情况，家长可以了解到幼儿园正在进行的教学内容，及时给幼儿进行复习、巩固。幼儿与家长在微课视频的引导下共同参与教学活动，既发展了情商与智商，又提高了自信，也进一步促进了家园共育工作。通过微课教育形式，实现了教师、幼儿和家长之间的三方互动，形成家园共育的良性循环。

三、幼儿园如何实施微课程

微课程不是过去简单的PPT技术，它具有清晰的思路、明快的形式、鲜明的主题、精练的内容、丰富的内涵等特点。在具体可行的活动目标、清晰流畅的活动过程、游戏化的活动形式的基础上，加入了现代化教育技术，整合资源，在短短几分钟的时间内呈现一个小而精的知识点。

在实践层面上，笔者认为，幼儿园微课程的实施步骤包括：确定内容→设计方案→整合素材→录制视频→编辑处理。

（一）确定内容

微课程要尽量选取能够帮助幼儿形成一定自主能力、健康的生活习惯及对待事物正确的态度的内容，要以幼儿为中心，关注幼儿自身兴趣与发展需要，让家庭教育成为幼儿园教育的有益补充，满足幼儿延伸学习的需要。

具体来说，内容选择的来源可以是：以幼儿生活常规或行为习惯的某个方面为切入点，可以是让幼儿自主学习的，也可以是亲子合作完成的。如"我爱洗澡"，以微课程的方式让幼儿掌握洗澡的准备工作、洗澡的过程，让幼儿逐步树立自主生活意识。教师可以在幼儿园开展这个教育活动，也可以将活动内容与家长共享，敦促家长在家庭教育中注意培养幼儿的生活自理能力。例如，科学教育活动"有翅膀的动物就一定会飞吗？"，为了做好活动准备，过去可能是口头布置任务，让家长和幼儿一起收集素材，通常收到的效果一般，有的家长自觉性高，收集的资料丰富，但是内容有时候过于繁杂，没有进行筛选；有的家长工作太忙，或者根本不清楚任务，就没有配合完成。而利用微课程的形式，可以让幼儿和家长都更容易地掌握活动准备需要完成的任务，或者获得更具有针对性的活动前准备资料。另外，还可以将活动内容以微课的形式与家长共享，指导家长与幼儿一起拓展延伸。例如，幼儿对月亮的变化特别感兴趣，教师可以通过制作视频资料使幼儿了解月亮的相关知识。为更好地指导家庭教育，内容还可以是亲子游戏或者育儿理念与方法指导。

（二）设计方案

教师根据所选择的主题内容查阅资料，掌握全面的知识信息，根据活动目标，完成方案设计。微课程的方案设计与一般的活动设计方案要求相同，要设定微课程的目标，注意整合资源，做好活动准备，活动过程清晰流畅，以游戏化的方式开展。

微课程的设计方案与平时教师做的教育活动设计方案类似，主要包括活动目的、活动重难点、活动过程。不同的是，微课程的设计方案要设计好录制工具和方法以及微课程的应用说明（见图3-5）。

微课名称		教师姓名	
录制工具和方法			
设计思路			
活动设计			
内容			
活动目的			
活动重难点			
活动过程			
应用说明			

图3-5　微课程活动设计方案

在微课程的设计过程中，还要注意将录制脚本完成，将每一项内容所对应的素材以及拍摄建议写清楚（见图3-6）。

基本信息			
微课程名称		教师姓名	
脚本内容			
教师行为及具体内容		对应PPT内容	镜头建议

图3-6 微课程录制脚本

（三）整合素材

当微课程方案设计完成后，教师就要收集必要的图片、视频、音频等资料。有时候，教师收集不到理想的资料，还可以自己创造性地开发资源，如利用Authorware、Photoshop软件制作动画，辅以声音讲解或者音乐背景，呈现要表现的主题。

教师制作课件要注意以下几个问题。

1. 内容设计

PPT主要放核心内容，辅以教师的语言动作；PPT内容设计要有启发性、悬念性，如可以通过呈现问题的方式引发教师的思考或反思。

2. 版面设计

首页与封面清新自然，能一目了然地显示基本信息。

背景尽量以素雅为主，能烘托字体，不能太艳丽，中间页最顶上可以写上知识点的小点，一目了然，中间则放置主题内容，右下角或左下角留出空白，以放置教师画面，但不能挡住文字。

尾页可以加入感谢语、微课题目、欢迎观看其他微课等语言。

3. 美学设计

整个PPT中，建议50%文字，20%图片，30%空白。文字颜色不要超过三种，最好只使用两种。翻页动画可以有数种，但是不能太多，2～5种翻页效果是最合适的。不要出现连续的好几张都是图片或都是文字，以免造成审美疲劳。

这对教师来说是比较大的挑战，很多情况下，微课程是靠集体力量共同打造的结晶。教师为突出故事效果，讲述故事的过程中还可以添加动画效果。

（四）录制视频

收集素材完成后，就可以进入录制视频阶段了。录制背景最好是白色或浅色，不出现其他杂物，声音大小合理，摄像角度最好是正对。幼儿园微课的呈现形式可有以下几种：第一种，录制课件时，右下角出现教师的画面，课件播放和教师讲解同时进行；第二种，画面上只出现课件，教师的讲解不出现在视频中；第三种，以录制好的动画形式或游戏呈现。

（五）编辑处理

视频录制后，要进行精心的剪辑处理，才有可能达到事半功倍的效果。教师可以用爱剪辑等软件自行剪辑处理，也可以请专业技术团队打造。

这里特别需要注意的是，微课的呈现方式是微视频，制作微视频就必须掌握PPT演播、拍摄录像、录屏截屏等技能技巧，以及后期制作的方法，熟练地掌握现代信息技术。

制作微课可以让教师从习惯的细节中追问、思考、发现、变革，由学习者变为开发者和创造者，提高信息技术与学科整合能力，跟上时代的步伐。

四、微课在幼儿园教学中引发的思考

微课作为一种媒体，内容的设计要符合多媒体特性，对于不适合使用多媒体表达的内容，制作的结果会适得其反。幼儿的思维方式最主要的还是具体形象性思维，面对面、手把手地教与学是幼儿园教学的主要方式，不能为了上微课而上微课，比如，有的教师为了追求"微"时尚，将洗手、穿衣、吃饭等常规培养制作成微视频，而这些动作要领由教师当面示范效果是最好的，做成微课反而浪费了时间，多此一举。

微课一般在5～10分钟，而在幼儿园平时的教学活动中，教师的讲解一般也在10分钟之内，这引起了部分教师的误解，以为幼儿园所有的教学活动讲解部分都可以用微课的形式来呈现。于是，我们看到网络上有些幼儿教师共享的美术活动、语言活动其实是不适合采用微课形式的，因此微课的选材一定要慎重考虑。

微课的制作需要信息技术的支撑，目前幼儿教师在拍摄录像方面问题不大，但在后期制作过程中存在技术缺陷。这就不能将一些好的思路更清晰地融入微课中，影响了微课的效果。因此加强学习和培训，提高幼儿园教师学科教学与信息技术的整合能力极其重要。

微课在幼儿园中的价值不仅在于本班幼儿的需要和教师个人的发展，它还可以通过资源建设来实现交流和共享，当"微课库"里存放大量的微课以后，教师可以像课程用书一样取之即用，用之改进，不断完善，这可避免很多重复劳动，让更多的幼儿和教师受益，这就要求建设一个良好的微课资源库。有关教育部门应该通过培训、比赛、展示、奖励等方式，鼓励广大幼儿教师制作各种教学内容的微课，并通过建立微课平台、集中展播和共享交流等长效机制，向广大教师推荐优秀微课作品，扶持微课制作和积累，达到资源共享的效果。

微课在幼儿园的兴起是一次思想的改革，是一种促进教师和幼儿自主学习的新模式，值得幼儿园教师去揣摩、制作和运用。

参考文献

［1］胡铁生，黄明燕，李民.我国微课发展的三个阶段及其启示［J］.远程教育杂志，2013（4）：36-42.

［2］吕莉."微课程"模式的启示［N］.中华读书报，2013-06-26（22）.

［3］秦越霞.草根专家"微课程"——访内蒙古鄂尔多斯市东胜区教研中心主任李玉平［J］.广西教育，2013（8）：54-56.

［4］焦建利.微课及其应用与影响［J］.中小学信息技术教育，2013（4）：13-14.

幼儿居家微课学习现状研究

肇庆市直属机关第二幼儿园　周秀秀

由于新冠肺炎疫情影响，幼儿的学习环境由幼儿园转场为家庭，幼儿的学习方式也随之发生变化，由线下转为线上，微课成为幼儿居家学习的主要方式。微课是一种新型的数字教学资源，主要是指运用信息技术呈现碎片化学习内容，它的教学时间短、教学内容较少、主题突出、针对性强。那么，幼儿在家中微课学习的现状如何呢？笔者对A幼儿园的大、中、小班的幼儿家长进行了问卷调查，了解幼儿微课学习的情况、家长对微课的认知、家长对微课的教学期望等，了解并分析了微课教学存在的问题，以提高幼儿居家微课学习的质量。

一、研究背景

（一）幼儿园信息化发展的趋势

教育信息化首次在1996年《中共中央　国务院关于深化教育改革全面推进素质教育的决定》中提出，主张在基础教育和高等教育阶段促进教育信息化，而当时并没有应用在幼儿教育阶段。在近些年颁布的关于学前教育改革和发展的指导意见中，学前教育首次受到国家教育的战略重视，这就为促进学前教育信息化发展提供了大环境。学前教育信息化逐渐进入专家学者的研究范围，家长们也越来越多地关注学前教育信息化发展成效。

家长对幼儿园信息化的认知直接影响家园共育的效果，幼儿的年龄特点决定了其认知能力较低，对各种各样的信息没有辨识度，对自身的发展具有不确定性，这时，家长的作用就显得尤为重要，所以提高家长对幼儿教育信息化的认识、认可程度，可以提高家园共育效果的一致性，对推进信息化的家园共育具有重要价值。

（二）疫情下"停课不停学"的倡导

疫情防控期间，各个学校延迟了开学日期，教育部倡导"停课不停学"，"停课"是各级学校在疫情防控期间暂时性地改变学校原有计划的园内授课，以确保师生的生命健康；"不停学"并不是按照原预设的教学计划进行安排，而是比较宽泛的概念，是指在疫情防控期间学生与教师之间非硬性的互动学习，有助于培养学生的自主学习能力，保障师生的生命健康安全，更是向广大师生传递控制疫情传播的有效途径。

由于疫情影响，居家学习成为幼儿唯一的学习方式，因此各种线上教学层出不穷，微课成为幼儿园线上教学的宠儿。微课内容主要是向幼儿介绍新冠病毒、传播途径以及应该如何保护自己等，向幼儿渗透积极向上的心态、纯真的爱国情怀、勇敢的奉献精神，有利于幼儿积极正向的品格的养成，更为幼儿居家学习提供了资源和环境。

（三）幼儿自主学习养成需求

幼儿自主学习主要是幼儿在他人的鼓励下，按照自己的兴趣、水平、行为习惯进行独立的获取信息、经验，以提高自己的认识，形成自主发展的学习过程。幼儿的自主学习是一种学习品质，更多的是强调幼儿的学习兴趣，有主动学习的行为，善于独立解决问题。现代儿童教育观认为，幼儿的知识经验应该是其主动学习获得的，是幼儿身心得到自由、全面发展的学习。

"授人以鱼不如授人以渔"，培养幼儿自主学习的能力和习惯是终身学习的基础。疫情防控期间的居家学习更为幼儿提供了自主学习的良好环境，但幼儿的自主学习需要正确的监督和引导，完全的自主学习会使幼儿没有方向，难以构建完整有效的知识体系，在家没有纪律的约束，幼儿的规则意识会降低，幼儿的学习活动难以取得有效的结果。此时，家长就扮演了非常重要的角色，幼儿的自主学习并不是"放养式"自学，不是孤立的，而是需要家长的陪伴、监督与指导。调查发现，仅有18.91%的家长会参与到幼儿的学习中，对幼儿进行经常性的指导，由此可见，家长们需要正确认识幼儿自主学习的概念。

二、核心概念

（一）微课

美国麦克格鲁教授最早提出关于化学学科的"60秒课程"，这是一种虽简短但具有教学知识的完整架构，具有独立的知识结构。2008年，美国一所院校的高级数学设计师戴维·彭罗斯则把微课视为一种"知识脉冲"。国内学者林鹏认为，微课主要由"微视频"和"围绕教学环节设计"两因素组成；杨光认为，微课是知识传播和共享的重要载体；王军霞认为，具有内容和形式上的完整性与精确性，主要以短视频为载体，基于课程标准对某一个知识点进行教学的全过程。国内胡铁生学者最早认为，新型教学资源微课的核心构成是微视频，他指出，微课是以新课程标准为指导，通过教学视频对某个知识点或某一教学环节进行资源的整合，可以从资源构成、课程载体、运行方式、学习空间和学习方式五个维度来理解。

综上，我们可以把微课理解为，以课程标准为指导，以诠释某一知识点为目标，以简短视频为载体，以使幼儿达成学习目标为目的的线上教学方式。

（二）居家学习

居家学习一直是幼儿学习获得经验的一种方式，但这次疫情使得幼儿的居家学习得到格外的关注。那么，居家学习与在园学习有什么不同呢？一是幼儿的学习环境变了，幼儿的在园学习是在教师的组织和指导下，与同伴合作完成的，而居家学习一下子把幼儿从集体学习中脱离出来，考验的是幼儿的独立学习能力。二是组织方式发生了变化，在园学习是在教师的直接组织下，幼儿根据教师的指导自主参与教学活动，而居家学习取而代之的是线上微课教学，是一种单向教学，缺少了师生、生生之间的互动。三是教学内容和形式发生了变化，线上微课的教学内容比较简短，具有针对性。

居家学习不仅仅是针对幼儿园课程教学内容，更是对缺位家庭教育的弥补和修复。在居家学习期间，幼儿与家长有了更多的相处时间，重构健康积极的亲子关系也是居家学习的重要内容，家长可以更关注幼儿的发展现状，建立与幼儿共成长的软环境，积极参与幼儿的微课学习，并给予适当的指导，珍惜与幼儿共同成长的机会。

居家学习是幼儿自主学习能力发展的温床，幼儿的自主学习是幼儿主动获得经验的学习方式，没有了纪律的约束、教师的监督、同伴的合作，幼儿需要对自己的学习活动进行自我决策、自我监控、自我解决问题。

三、调查结果分析

本次调查对象为肇庆市A幼儿园所有（大、中、小）班级的家长，问卷回收402份，从回收率可以看出，家长对幼儿微课学习的重视程度是比较高的，具体分析如图3-7、图3-8所示。

（一）家长年龄

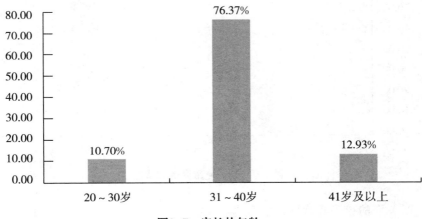

图3-7　家长的年龄

（二）家长学历

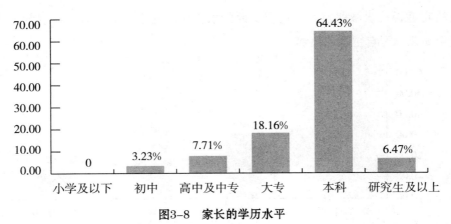

图3-8　家长的学历水平

由图3-7、图3-8来看，家长趋年轻化，且本科学历占相当大的比例，非常有利于微课的推广和使用。

（三）您的孩子居家使用微课学习吗

由图3-9来看，76.62%的幼儿会进行居家微课学习，微课教学得到大部分家长的认可和接受，也从侧面反映了家长有培养幼儿自主学习的意识，这为微课的推广奠定了基础。

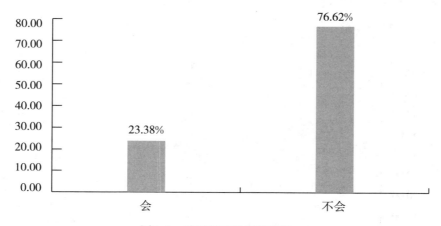

图3-9　孩子使用微课的情况

（四）您的孩子喜欢微课学习吗

图3-10显示，大部分幼儿喜欢微课学习形式，说明微课设计的理念、形式等符合幼儿年龄发展特点，能够激发幼儿学习兴趣；但也有不少家长表示不确定幼儿是否喜欢微课学习，这说明部分家长对幼儿学习缺乏观察和参与，这不利于幼儿学习自主性的培养。

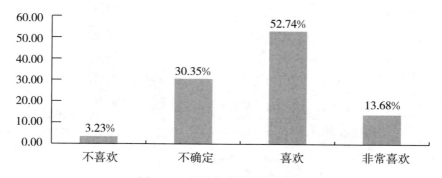

图3-10　孩子喜欢微课的程度

（五）接触微课的来源

图3-11显示，教师是幼儿接触微课最主要的来源，但家长自主查找微课来源的比例最高，说明家长重视微课，对微课学习的方式是认可的。

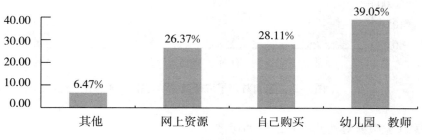

图3-11　微课的来源

（六）您的孩子喜欢什么类型的微课

学前幼儿的思维还处于具体形象思维阶段，喜欢图文并茂、生动形象的内容。图3-12显示，图文讲解型和操作示范型微课非常受幼儿欢迎，说明微课要达到理想的教学效果，其设计理念和形式要与幼儿身心发展特点相适应。

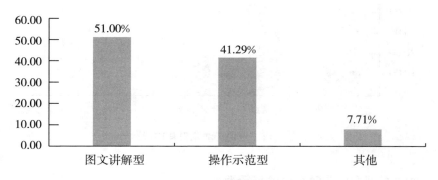

图3-12　微课的类型

（七）您对孩子进行微课学习指导的频率

家长是幼儿与微课之间的纽带，家长需要陪伴幼儿一起学习微课，对帮助幼儿提高微课学习兴趣、养成自主学习习惯有重要作用。图3-13显示，八成家长不会经常辅导幼儿的微课学习，这反映出家长对幼儿的微课学习持"放养"态度，不利于幼儿学习兴趣和学习主动性的提升。

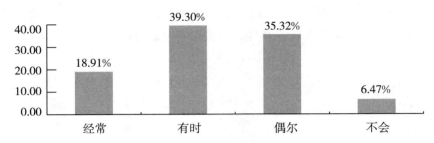

图3-13 家长对孩子进行微课学习指导的频率

（八）微课对幼儿教育的帮助程度

由图3-14可知，大部分幼儿家长认为微课学习对幼儿教育有帮助，说明微课对幼儿发展有实效，能够达到促进幼儿发展的目的。

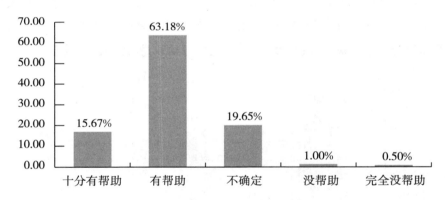

图3-14 微课对幼儿教育的帮助

（九）微课在幼儿教育中的可行性

由图3-15可知，大部分幼儿家长认为微课在幼儿教育中可行性强，侧面反映了家长对微课的使用操作性强，幼儿在微课学习后有可见的效果。

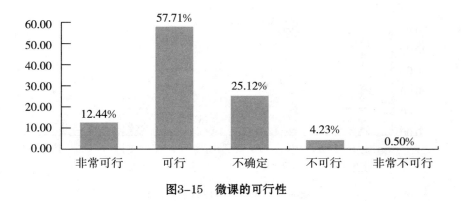

图3-15　微课的可行性

（十）您最能接受的微课时长

由图3-16可知，九成家长接受30分钟以下的微课时长，微课主要以时间短、资源能量小为主要特点，幼儿集中注意力的时间较短，容易被感兴趣的事物所吸引，这就要求微课的制作既要能够激发幼儿的兴趣，又要符合幼儿注意力发展的特点。

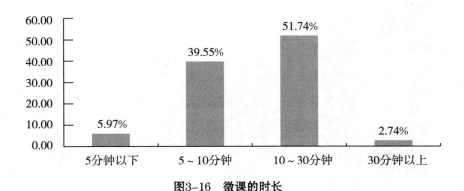

图3-16　微课的时长

（十一）您对教师利用微课教学的态度

图3-17显示，家长对教师的微课教学还是比较认可的，八成家长支持微课教学，只有少部分家长表示不了解微课教学，这说明微课已得到广泛应用。

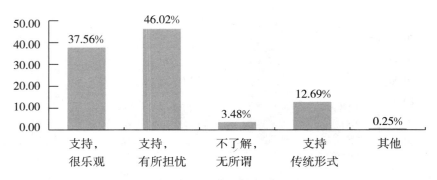

图3-17　家长对微课教学的态度

（十二）您觉得微课最吸引你的是什么

由图3-18可知，微课的趣味性、便捷性是家长最认可的特点，绝大部分家长认为微课既方便又简短，设计内容丰富，知识精简有效，有利于幼儿身心发展。

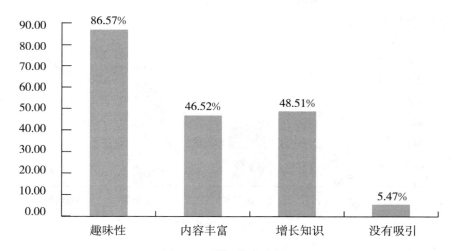

图3-18　微课的吸引力

（十三）您认为微课在幼儿教育中有什么作用

由图3-19可知，学习资源、幼儿教育观和家园共育是家长比较关注的要点，家长也希望从微课中获得更多的幼儿学习资源，学习正确的儿童教育观念，以及了解幼儿园的教育理念，这既是为了提升自身教育能力，也对微课制作提出了更高的挑战。

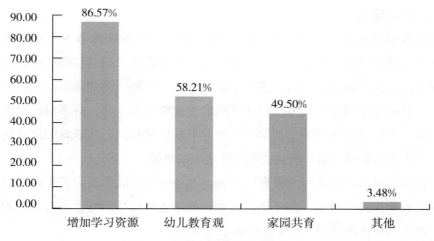

图3-19　微课在幼儿教育中的作用

四、提高幼儿微课学习质量的建议

幼儿的发展需要家园共育的协同合作，教师和家长都是幼儿发展的助力者。调查发现，大部分家长会主动收集网络资源供幼儿学习，但微课对幼儿发展的影响是家长所担忧的，也缺乏幼儿微课学习的有效指导，而家长也期望在微课中学到正确的儿童教育观，这对微课的质量提出了更高的挑战，因此对教师和家长双方都有了更高的要求。

（一）加强家长对微课的深度认知

家长是幼儿最好的老师，家长的认知水平对幼儿获得知识经验具有重要影响，微课教学的有效性与家长对微课的认知程度密切相关，幼儿园可以采取一定的积极措施帮助家长提高对微课教学的认知水平。例如，以幼儿教师为主导，组织教师、家长与专家共同成立微课交流小组，定期进行线上微课知识培训，积极与家长沟通，邀请家长共同参与微课制作，让家长了解微课的制作过程，以此提高幼儿家长对微课的深度认识与重视程度，达到家园共育教育效果的一致性。

（二）加强教师的微课制作培训与使用能力

微课是一种围绕某一知识点进行完整教学过程的短视频形式，时间简短，其内容既要符合幼儿年龄发展特点，引起他们的学习兴趣，还要给家长以正确的育儿观的指导，这对教师微课制作提出了更高的要求。

1. 理论培训

随着微课的推广使用，微课的制作对幼儿园教师来说基本没有难度，但教师对微课及其相关概念并不是非常清晰，这就直接影响到教师的微课制作理念和方向，深刻地理解概念是进行培训的基础。教师对微课理论的理解分为两种：一是模糊化理解，教师仅仅从字面意思理解微课定义，对微课的本质理解不到位；二是复杂化理解，把简短的微课不断扩展外延，造成教师理解的认知负担，因此对教师的培训需要循序渐进地加以推进。

微课的本质可以理解为教育短视频，过分阐述会成为教师创作的障碍，要以一线教师为第一视角，用实用、简单的概述来梳理微课概念更有利于教师对微课理论的理解和把握，减少教师的创作负担。

2. 制作技能培训

内容上要贴近幼儿生活。在教学视频制作过程中，不建议一味地追求视频的视觉华丽，贴近日常生活的选材更能帮助幼儿理解视频内容，增强幼儿对教学内容的关注度。

教师是微课制作的主体，教师要善于在日常生活中积累微课制作相关的内容，善于发现教育契机，积极补充儿童发展的相关理论知识，通过微课向家长传播正确的育儿观，实现教师、幼儿、家长的多边学习和发展。

3. 建立微课评价体系

微课评价是依据特定的标准，对简短的微视频所展现的某一知识点的教学过程所进行的质量判断，是以幼儿发展效果为中心，评价微课的目标设计、内容的科学性、学习效果、微课艺术效果等。微课的评价体系要包含以下几点。

（1）科学性。

微课的科学性主要体现在教学活动的内容和目标设定方面，内容方面要符合幼儿的年龄发展特点，概念简单清晰，要贴近生活，以便于幼儿理解。目标的设定要基于幼儿的已有经验水平，呈阶梯式递进。

（2）有效性。

微课的有效性直接影响幼儿的学习质量，教师教学目标明确、思路清晰、教学内容有趣等，能帮助幼儿专注于学习。微课是一个简短的教学视频，幼儿的学习兴趣和质量是评判微课有效性的关键因素。

（3）技术性。

微课是运用现代教育技术通过音频、视频等方式向幼儿提供在线学习，教师的教育技术水平也是影响微课教学质量的硬性因素。微课制作中，视频剪辑、音频录入、视频合并都离不开教师的技术支持，如果一个微课的内容合理、目标明确，但图像不清晰、音频语速过快或者视频噪声明显，相信这样的微课绝对激发不了幼儿的学习兴趣，会使教学效果大打折扣，因此，技术性是评价教师微课质量的硬性指标。

参考文献

［1］陈虹娟.在主题探究活动中注重幼儿的自主学习［J］.金色年华杂志，2010（4）：27.

［2］柳阳辉.幼儿教育学［M］.郑州：郑州大学出版社，2008.

［3］应彩云.幼儿的自主学习及其环境创设的研究［J］.上海学前教育网，2002：3.

［4］王玉娟.微课在初中数学预习中的教学实践研究［D］.南京：南京师范大学，2017.

［5］苏小兵，管珏琪，钱冬明，等.微课概念辨析及其教学应用研究［J］.中国电化教育，2014（7）：94–99.

［6］胡铁生.中小学微课建设与应用热点问题解析［J］.中小学信息技术教育，2013（4）.

浅谈"疫"样时期孩子居家学习的利弊研究

肇庆市直属机关第二幼儿园　苏楚云

2020年新春伊始，疫情的蔓延打断了亲朋好友的欢喜团聚，却打不断人们的坚定信念与坚强意志。除了挥汗奋战在疫情前线的工作人员之外，还有另一群庞大的群体也是这次疫情中值得引起关注的一部分——安守在家中参与线上互动的师生们。由此，通过研究疫情防控期间孩子居家学习的利弊之处，寻找合适的方法解决孩子居家学习的短板，以及改善现状中仍然存在的不足之处显得尤为必要。

一、疫情防控期间孩子居家学习的弊端

（一）部分家庭存在设备缺乏、网络不畅等情况

首先，进行线上学习的必备设备就是智能手机、平板或者电脑等多媒体设备；其次，还需要有通畅的网络，才能观看教师上课、提交各种作业与考试等。但对于偏远山区或农村地区来说，经济水平落后且留守儿童与老人居多，是否拥有智能设备以及能否正确安装线上学习平台均成为问题。即使解决了设备问题，偏远地区网络环境较差、无法接收到信号、教学平台及资源不足等问题，都无法有效支持线上教学的实施，硬件条件有待进一步优化。

（二）孩子自主学习能力差、缺乏自律性

居家学习的环境较学校环境来说显然较为轻快、放松，本应成为推动学生更乐意自主学习的良好氛围，却成为某些自律性较差的学生贪玩散漫、为所欲为的借口。有些学生打开设备进入课堂后便把设备放到一旁，任由教师在屏幕那头滔滔不绝，他却自顾自地干其他事情，甚至玩起游戏；有些学生离开了课

堂纪律的约束，坐姿东倒西歪，趴着、躺着、瘫着，听教师讲课仿佛是听和尚念经，索然无味，连笔记都懒得动手记，根本无法保证知识已经吸收到了脑海里。长此以往，孩子不仅没有学习到新知识，反而会影响身心健康发展，出现厌学逃学、视力下降、脊椎侧弯等一系列问题。由此可见，如果缺乏有效的监督，线上教学十分难以达到理想的效果。

（三）家长监督力度的不等放大了线上教学的失衡

首先，线上教学的开展如果一味依靠教师的"一厢情愿"，单方面付出，那么最终真正塞到孩子手里的知识面包只会少之又少。因此，家长作为监护人的同时，也是孩子学习上的监督人。家长需要跟教师配合，监督孩子的到课情况、反馈听讲效果、检查作业笔记等，才能让孩子有效地利用起线上课堂的时间，做到学习、巩固两不误。其次，家长文化水平的高低、职业差异，家庭经济条件等也是影响线上教学的重要因素。绝大多数家长缺乏教育理论与方法、信息素养不高，却要利用电子设备完成学习指导，难免会感到疲惫不堪。最后，受疫情影响，部分家长因为工作的特殊性需要坚守在抗疫一线，较长时间无法给予孩子学习上的支持与陪伴，出现了教师与家长同时离场的情况，导致孩子心理上出现对学习的孤独感与无助感，无法很好地适应线上教学。

（四）首次大规模线上教学的开展使部分教师无法适应

在疫情的影响下，教师的教学空间受到局限，很多教师因缺乏线上教学的经验，无法适应师生分离、生生分离的教学环境。仅仅凭借网络互动，教师无法保证学生的听课质量、课堂效果等。尽管网络资源丰富，但远不如直观的体验与感受来得更加深入人心，这也间接导致了教学互动的不理想。还有教师死板地认为，只要把线下教学的板书搬到网络上展示就万事大吉了，殊不知，这样的教学对学生完全没有吸引力，甚至会显得晦涩难懂。更有甚者，为了完成教学任务，不断延长学生在线学习的时长而避重就轻，忽略了课堂中应当精讲的部分，实属本末倒置。

二、疫情防控期间学生居家学习的益处

（一）避免人群接触，减少病毒感染的概率

幼儿是特殊人群，体质和抵抗力会比成年人弱，因此幼儿也是重点保护对象。疫情影响致使大环境人口密度下降，居家学习在缩小空间、避免人群接触

的同时，也为师生最大限度地提供了低风险、高效率的学习环境，减少了病毒感染的概率，使孩子能够学得安心、学得自在，间接配合推动了抗疫工作的顺利进行。

（二）部分学生的自律自主性得到锻炼

通过这大半年的线上学习，能明显地发现学生学习中出现的两极分化。自律自主性强的学生即使没有课堂纪律的束缚，仍然能自觉做到认真听讲、主动做好笔记、按时完成作业、课后巩固复习等，在学习中游刃有余，为日后的正式复学打下了坚实的基础。

三、幼儿园如何有效应对居家学习产生的弊端

针对以上指出的疫情期间孩子居家学习产生的种种弊端，对于幼儿园的孩子来说，更重要的是有效的家园协同合作，抱着积极乐观的态度解决问题。

（一）教师队伍信息素养的提升以及师资师德的彰显

教师需转变观念，要对"互联网+教育"这一理念持正确认知。它不是多媒体信息技术与教学活动的机械叠加，而是要求教师懂得灵活利用互联网提供的各种资源，结合幼儿的年龄特点以及个体差异情况，创新网络互动教学理念。如我园积极响应市教育局"停课不停学"的号召，进行"隔屏不隔爱"的家园互动，进行了新闻播报、美食DIY、亲子游戏、宅家趣事等线上分享活动。"云"上的相聚，让家园开创了全新的沟通方式。另外，线上教学的开展还要求教师具有较高的职业素养，能够以高尚的师资师德、扎实的教学能力、良好的信息素养、创新的教学头脑胜任线上教学活动，为有效持续地推动线上教学提供支持。如教师们通过录制微课小视频进行二十四节气活动、亲子互动游戏、手工小制作、科学小实验等，发布到幼儿园微信公众号、班级微信群，与家长、孩子们一起分享学习；也可以观摩优质的线上教学课程，钻研并完善教学设计；教师们可以定期进行线上交流研讨，互相分享教育心得，逐渐摸索出合适的线上教育方法。

（二）孩子在学习的同时，家长也要一同投入学习当中

首先，家长自身对于疫情要做到不信谣、不传谣，保持积极、乐观的心态，引导孩子学习典型人物的先进事迹，如钟南山爷爷或身边坚守在抗疫一线的医护人员、志愿者等的事迹，帮助孩子树立正确的"三观"。其次，为孩子

营造良好的学习氛围。可以陪伴孩子一同阅读、锻炼等，建立良好的亲子关系，主动承担孩子的教育任务，而不是只靠教师在孩子的教育上一味地"单相思"。再次，家长除了为孩子提供多媒体设备及其余辅助应用，还可以参与幼儿园推荐或者开展的相关直播或讲座，获取有关信息技术运用的资源，积极提高信息素养，掌握智能平台的学习工具，实现家园有效的合作。最后，随着经济水平的飞速发展，家长的职业素养也在不断提高。比起书本中白纸黑字的枯燥描述，家长们可以利用工作中发生的趣事或自己对职业生涯的理解，结合此次疫情及孩子的实际学习情况，为孩子介绍不同职业的不同性质，培养孩子的责任感与使命感。另外，家长还需要与教师和幼儿园时刻保持联系，通过微信群、QQ群、家委会等的信息分享，相互交流居家教育与成功案例，营造良好的团结互助氛围，体现一个集体强烈的归属感与凝聚感。

（三）成熟的社会信息平台是支撑线上教学有效开展的大环境

通过网上图书馆、博物馆、多媒体信息技术参观或展览等优质文化服务，为家长与孩子提供丰富、开放又科学、严谨的信息资源共享。在大环境的感染熏陶下，提升信息素养绝非力所不能及的事情。对于边远地区出现线上教学与信息获取困难等教育不公平的现象，有关部门应针对此提出相关方案，落实到政策和行动上，以确保边远地区的学生同样能够享受到线上教学所带来的便利性。对于职业存在特殊性的家长，如抗疫前线的工作人员等，孩子面对家长、教师双双分离，其学习条件更需要得到关注，应加强对其的指导与关爱。

四、结语

英国浪漫主义诗人雪莱的诗作《西风颂》中就说过：冬天来了，春天还会远吗？我们相信，疫情终有一天会过去，而线上教学与居家学习也终将成为未来信息化社会的常态。因此我们需要从不断的实践与改进中吸取教训、总结经验，为孩子提供更加良好的教育环境与教育内容。通过研究疫情期间居家学习中存在的弊端，从家长、教师、社会三个方面提出了解决策略，以及为未来线上教育的发展提供理论参考与实践指引。

参考文献

［1］谢幼如，邱艺，黄瑜玲，等.疫情防控期间"停课不停学"在线教学

方式的特征、问题与创新［J］.电化教育研究，2020（3）：20–28.

［2］胡小勇，林梓柔，梁家琦.疫情下的在线教学，家校协同准备好了

吗？［J］.现代远距离教育，2020（3）：3–8.

疫情之下微课教学的启示

肇庆市直属机关第二幼儿园 冯艳珊

随着信息技术越来越发达，课堂教学这种形式不再满足当今社会发展的需要。特别是随着无线网络的覆盖面越来越广，"互联网+"的兴起，移动数码产品的普及，远程学习、在线学习在未来的学习中将会越来越受大众欢迎。特别是2020年的新冠疫情，不由分说，来得如此迅猛。全民一致配合抗疫，宅在家里，中断了传统的课堂学习。危机中总是蕴含着生机，换个角度想想，我们幼儿教育在疫情的冲击下应该怎么办呢？这值得我们反思。

一、微课的建设

（一）微课的定义

微课是指运用信息技术按照认知规律，呈现碎片化学习内容、过程及扩展素材的结构化数字资源。微课，顾名思义，就是比正常课程教学时间短、教学内容少的课。微课既可查漏补缺，又能强化、巩固知识，是传统课堂学习的一种补充和延伸。而微课具有教学时间短、主题突出、多样传播等优势，必将成为一种新型的教学模式和学习方式。

（二）我园微课的发展情况

肇庆市教育局电教站课题"微课在家园共育中的实践研究"已经在我园开展一年有余，幼儿在学习积极性、主动性等方面都有了较大的提高。利用微课这一信息技术作为载体，进一步方便幼儿的学习和游戏，使幼儿在游戏中得到发展与进步。看到幼儿的成长，微课的新型家园共育模式逐渐得到认可，越来越多的家长参与其中，也促使我们教师不断更新技术，多次教研，使内容越来越贴合幼儿的年龄特点和学习方式。

我园成立了大班级微课实践教研小组，创编了《橙子变变变》《初三老鼠娶新娘》《小小蛋糕师》《我从哪里来》《生气汤》等微课进行教育教学活动的观摩，教师们认真听课，进行反思，总结经验。同时我们也给家长发放反馈表、实验表等，家长积极参与，认真对待，了解幼儿在家使用微课的效果，结合幼儿园教育进行分析，也收到了良好的活动效果。而疫情突如其来，孩子们宅在家中，缺少了与教师面对面的交流，我们的微课教学又该如何重新焕发生机呢？教研小组利用微信群、钉钉群等平台进行线上研讨，最终确定了在这"漫长的寒假"里利用微课进行幼儿心理健康的辅导、亲子游戏等相关内容。而幼儿年龄小，以游戏为基本活动，幼儿教育要以幼儿为主体，让幼儿在获取知识的同时，更要培养良好的学习品质，体验成功的乐趣。因此我们除了在微课与教材中的五大领域的活动融合的研究探索之外，更勇于尝试生成的教学活动。生成的教育教学活动对教师的要求更高了，生成的内容来源于幼儿的兴趣和需要，在游戏中教师要有一双"发现"的眼睛。

二、基于《美丽的荷花》主题的微课探索

（一）微课立意

为了判定微课是否蕴含内在的教育价值，是否有利于幼儿的发展，是否是大部分幼儿所感兴趣的，在这次疫情之下的教育教学方面，我们进行了一次新的尝试——主题为《美丽的荷花》，这是一次在生成活动中融入微课教学的探索研究。

（二）微课内容的构建实施

1. 微课主题及内容确立

春天来了，我们希望让宅在家中的孩子可以感受到春天的生机盎然，通过欣赏美的事物让心情变好。于是我们制作了幼儿园花卉合集微课并发到班群，最后由幼儿票选出最喜爱的花是荷花。看到孩子们对荷花如此的喜爱，我们也十分高兴。因为荷花是肇庆市的市花，而且在我们幼儿园门口也有一大片的荷塘。看来，孩子们在这里生活了三年，这一大片的荷花已经悄悄地"住进"了孩子们的心里！

于是，我们确定了《美丽的荷花》这一主题，进而教师进行了主题网络

的构思、活动目标的设计、教育教学活动设计等，根据大班幼儿的年龄特点和经验水平，结合五大领域的活动目标，生成相关的内容。内容涵盖荷花的植物学史、形态特征、生态习性、品种大全、繁殖技术、主要价值等方面，由浅入深，深入挖掘荷花的教育价值。有的分享到班级微信群进行学习，有的借助幼儿园微信公众号平台进行分享。

2. 幼儿于疫情期间微课中的参与

为了让幼儿喜爱这个主题，教师们花了大量的时间和精力去制作精美的微课，导入自然，吸引力强，重点突出，孩子们在家中能够聚精会神地进行学习。家长和幼儿在家中认真完成微课实验表、调查表等，让教研小组及时获得幼儿在家学习效果的资料，并且形成统计表进行评价，让我们既有文字评价，又有数据分析，使我们能够更好地把握接下来生成活动的方向。

在幼儿掌握了荷花的基本知识点之后，我们鼓励班上的幼儿进行"你心中的荷花""荷花儿歌创编""扮演荷花仙子""荷花舞""荷花美食""荷花积木乐""荷花魔方""种植荷花""品荷茶"等线上有趣的活动，充分调动幼儿的积极性，使活动不仅能看，还能亲自操作、直观感受，发挥幼儿的想象力和创造力，使活动顺利推进。在欣赏了幼儿线上的分享后，我们还继续鼓励幼儿在群里进行评价，引导幼儿学会欣赏他人的优点，找到自己进步的方向。教师在幼儿的反馈中继续生成新的活动内容。

3. 复学后主题微课的发展

6月中旬，我们终于迎来了复学！我们鼓励家长在接送幼儿上下学时抽出一些时间引导孩子在宝月荷花塘观察荷花的生长，并用图画日记的方式进行记录，同时可以录制成新闻播报进行线上分享，孩子们对荷花真是越来越熟悉了！到了7月，幼儿园门前荷花盛开，我们带领孩子们去赏花，孩子们都欢呼雀跃，有的小宝贝还找到了并蒂莲呢！回到班上，孩子们把自己的所见所闻绘制成一幅幅精美的图画，美丽的荷塘就这样跃然于纸上！

教师还制作了用莲藕繁殖荷花和莲子繁殖荷花的微课，引导幼儿进行观察、记录、对比，也鼓励幼儿在家自己尝试。结合教师的微课，加上幼儿的亲自操作，认真观察和记录，在真实活动中学到本领，体验活动的乐趣和意义，让幼儿在学中玩、玩中学，更容易让幼儿获得知识经验！随着深入地学习，幼儿越来越喜爱荷花，也越来越热爱美丽的家乡！

　　此次活动长达四个多月，原本的目的是让教师和幼儿之间隔屏不隔爱，在一次"我最喜欢的幼儿园花卉"票选活动中生成了《美丽的荷花》这一主题。幼儿生成活动的标准是：是否能够帮助解决幼儿学习、活动中需要解决的问题或遇到的困难；是否有利于拓宽幼儿的见识，增长其对周围生活的经验，让幼儿从这些生成活动中获得快乐和真理；是否有利于发展幼儿对某一事物的好奇心，增进其对探究过程和方法的了解与运用。而《美丽的荷花》这个主题符合生成活动的标准。教师在确定主题之前细心观察幼儿的喜好，选取能够跟幼儿产生共鸣的事物进行教学，很好地引起幼儿的兴趣。在设定目标时，老师注重三维目标的把握，制定的目标具体明确，便于操作，有不同的难度体现，结合五大领域的活动目标把微课这种新型的教育模式融入进去。在与幼儿的沟通和反馈中进一步生成新的内容，使活动得到丰富和深入。

三、主题微课的总结

　　此次的疫情影响，人们只能宅在家里，而微课这种教学方式很好地成为连接学校教育与家庭教育之间的桥梁。教师适时适度地提供帮助与指导，利用家庭教育的便利，幼儿可以更系统、更规范地获得一定的知识与技能。在活动中引导幼儿充分发挥想象力，仔细观察，乐于思考和探索，能更好地开展和深入学习。

　　这一次主题活动中，多次运用微课，使教学活动不再仅仅是照搬教材的活动，属于具有一定难度的生成活动，而且还有线上活动的挑战，对于教师教学能力的要求、鼓励家长参与到家园共育的要求更高了。教师们在游戏课程实施能力中的理念转变，引领着活动更加有效地进行。教研组的老师在这一特殊的寒假期间同时就"微课如何更精彩""教学如何更出色""微课如何融合家园共育"提出了各自的建议，只要我们沉下心来，关注幼儿的每一个行为，能用开拓专业视角看懂每一个幼儿行为的内在含义，就能使这个活动更有实际的意义。而把微课这种先进的模式引入家庭教育，会得到意想不到的收获！

　　在疫情期间，我们把幼儿心理健康、荷花等微课分享到幼儿园微信公众号，教师指导家长和幼儿在家使用，并向家长发放了幼儿在家的活动记录表、意见反馈表和调查表，邀请家长把孩子在家学习微课的视频和照片分享给教师，这样教师可以根据幼儿在家的表现进一步研判微课的意义。通过收集幼儿在家使用微课学习的资料，进一步研究微课在家园共育中的实践意义。

在本次《美丽的荷花》主题线上教育活动中，我们发现微课内容应该符合幼儿的年龄特点和能力水平，过于简单或者难度太大的内容，幼儿的兴趣水平一般。在微课中，内容不宜过于繁杂，教师语言要生动，富有感染力，更要准确，逻辑性强，简单明了。采取游戏化教学时，教师主要是采取鼓励的方式激发幼儿探究的欲望。由于大班幼儿已6岁了，语言能力较好，思维能力也呈现逻辑性，此时更应注重培养幼儿的自我评价，鼓励幼儿肯定自己和同伴，帮助幼儿树立自信心，激发好奇心，进而更有信心地去探索。在结束活动时，要对活动内容进行小结，使幼儿获得的知识经验进一步系统化，使活动更完整。也可采用"你下次还要跟老师玩游戏吗"等能够激发幼儿兴趣的提问作为结束语，让幼儿在课后对下一次活动仍然充满期待。

通过学习和实践，教研组的老师感觉作为一名教师要不断地学习新的教学方式及更新教学理念，这样才能让自己跟上时代发展，也能够为幼儿提供更多好玩又有意义的活动，让幼儿听得愉快，学得高兴。在这次寒假中，通过大家的努力，不仅成功地进行了生成活动的尝试，更成功地融入了微课教学，我们对微课教学得到了一次新的成功的尝试！

互联网背景下微课创新家园
共育新模式的研究

肇庆市直属机关第二幼儿园 李燕好

随着信息化技术的发展，短信、微信、微视频广泛呈现，技术越来越先进，当今社会，生活节奏变得越来越快，人们更乐于接受简单、便捷、有趣、高效的生活方式和学习方式。近年来，各种"微"事物不断涌现，微信、微博、微电影……信息化时代为我们搭建了一个更好的家园互动与服务平台，在教育领域，微课成了家园互动的重要渠道，教师和家长之间的沟通更迅速、便捷，更有效促进家园互动，也更凸显学生自主学习的目的。

一、微课的定义

微课的核心内容是教育活动视频（课例片段），也包含与该教育活动内容相关的教学设计、教学反思、练习测试及学生反馈、教师点评乃至素材课件等辅助性教学资源，它们以一定的组织方式共同营造出一个主题式的、半结构化的资源单元。因此，微课既有别于传统单一资源型的教学课例、教学课件、教学设计、教学反思等教学资源，又是在其基础上发展起来的一种新型教学资源。可以说微课是基于网络环境与资源产生的一种生动、形象的在线课程。

二、家园共育研究现状

席晓莉、刘震旗、诸芳在《家园沟通的艺术》中提出，随着信息化、学习型社会的创设，幼儿园不再单一地承担教育和养育幼儿的任务，也不再是一个封闭的组织，而是通过各类与之相关的信息资源的不断输出和输入，实现幼儿园的社会服务价值，并获得新的发展契机。其中，网络沟通的途径有幼儿园网站、班级博客、QQ群、微博、电子邮件等方式，具有方便探讨问题的特征。

何桂香在《幼儿园家长工作指导》中介绍了多种家园共育的方式，早晚沟通、家访、半日开放活动、《家园联系手册》、家长助教、专题家长会、约谈、家长接待日、班级家长会、亲子游、家长园地、亲子活动、家长委员会、家长沙龙、网络沟通等。网络沟通成为家园沟通的新载体，幼儿园网站、班级网页、电子邮件、短信互动平台、教师博客等成为家园共育的重要手段。何桂香认为："家庭教育是一切教育的起点和基础，幼儿园教育起主导作用，社会教育影响最广泛。所以我们只有把学校教育、家庭教育和社会教育有机结合，形成合力，才能够真正促进幼儿的全面发展，终身发展。"

袁爱玲教授认为："幼儿园与家庭之间的沟通合作体现了服务性和开放性，家园共育为家庭和幼儿园双方提供了学习和发展的机会。"

传统的家园共育是通过面谈、访问等传统形式进行家长与幼儿园之间的沟通和互动，主要有家长会、家长开放日、家访、电话访问、《家园联系手册》等。传统的家园互动方式能够满足一定程度的家园共育的需求。但家长繁忙的工作，快节奏的生活，使教师与家长交流的机会变得越来越少，教师们不断通过QQ群、微博、邮箱等信息技术手段丰富家园共育的途径，高效、便捷、方便逐渐成为家园共育的理念。

三、运用微课创新家园共育的意义

现在年轻父母受工作时间的限制，接送孩子大多交由老人负责。这样使父母和教师交流的机会就越来越少，可是年轻的父母又渴求有机会能与教师探讨教育问题，这一矛盾在目前的家园共育中是比较突出的。

在信息时代背景下，信息技术不断更新，丰富着人们沟通与获取信息的渠道。微课程这种新型、高效的教学形式较广泛地应用于教学、培训中。尝试将微课程运用于幼儿园家园互动中，不仅可以弥补传统家园互动中的不足，同时可以实现家园互动信息化、个性化、协作化、动态化。如何运用微课程这种新型的互动方式让家长更好地了解幼儿园的教育理念、引导家长对幼儿行为表现进行正确的解读，就成为目前幼儿园家长工作值得思考的问题。

这里，我们必须认识到家长运用微课创新家园共育的理论意义在于微课在家园共育中应用，有助于丰富家园共育合作方式，可以促进家园共育管理工作的开展，同时对家园共育信息化起到助推作用。

微课在家长工作中运用的现实意义，在于传统的家园共育，如家长会和开放日等形式都是有时间限制的，不能经常开展，传统的家园联系已经不能满足新形势下的育儿需求，尤其是当今的生活都与网络信息分不开，微课将极大地提高幼儿园家园共育的实效性，加速幼儿教师职业化进程。

教师可以利用微课程，运用现代信息技术，让家长通过微课，直观地与幼儿园教育接轨。知道每天孩子学了什么；老师怎么教学的；幼儿园用了哪些教育方法；家长通过微课，知道怎么参与到孩子的共同学习中；对孩子存在的问题，家长通过老师采用的现代教育手段，知道如何与老师及幼儿园配合；打破了口口相传、文字交流、无法沟通的传统局面，使家长更直观地了解幼儿活动情况和幼儿园的最新动态，进一步做好家园配合工作，共同达到教育目的，微课架起的家长与教师及园所的沟通平台，有效解决幼儿园、家庭与社区的密切合作和沟通。

教师可以将有关的家园互动内容做成微课。如指导家长如何帮助幼儿养成良好行为习惯、如何提高幼儿动手能力、如何开发幼儿探索能力，向家长介绍科学的育儿经验，提升育儿理念。家长随时随地可以根据自己的需要来下载、观看、学习，满足父母了解孩子情况的需要。微课在幼儿园、家庭、幼儿之间架起一座良好、快捷的交流、沟通、互动的桥梁，不仅是家园互动的一次新的尝试，更是幼儿教育信息化和提升幼儿教育质量与水平的需要。

四、微课在家园共育应用的建议

微课程具有广泛的教育应用前景，运用微课程开展家长工作，将与家长沟通的模式变得更加直观、具体、有针对性。随着移动数码产品以及网络的普及，家园共育工作可以不受时间、地点的限制，可以随时随地进行。那么，如何通过微课实现更高效的家园互动呢？我们可以通过以下几个方面开展。

（一）对幼儿园教育信息进行公布

教师将领域活动的内容进行直观的展示，如将进行音乐活动的歌曲、律动、节奏练习的曲目及部分教育活动片段展示在微课程的内容中，让家长不仅了解教育活动的目标及文字版的简单流程，更加直观地了解活动的内容及教师的教学形式。

（二）对幼儿行为表现进行反馈

有针对性地录制幼儿的行为表现，结合幼儿家庭结构，从儿童心理及年龄发展阶段和特征进行分析，指导家长正确、客观地分析评价幼儿的行为表现，进而帮助家长形成正确的教育观和儿童观，正确解读幼儿。

（三）家教指导

改变教师做家长工作的说教形式，选取适合的亲子活动、亲子游戏、科学育儿方法、绘本等制作成微课，根据孩子的不同年龄段向家长推送。扎实有效地开展家教指导工作，有针对性地指导家长的教育工作，让家长逐渐了解幼儿的成长需求，指导家长科学育儿。

将微课程与家长工作联系在一起。以声像结合、图文并茂的方式展开家长工作，让家长工作看得见，利用信息化的多种教学模式，开发多元化的家园共育微课。微课带来的是更加直观、智能、高效的家园共育新模式。

参考文献

［1］中华人民共和国教育部.幼儿园教育指导纲要（试行）［S］.北京：北京师范大学出版社，2001.

［2］中华人民共和国教育部.教育信息化十年发展规划（2011—2020年）［Z］.2012-03-13.

［3］中华人民共和国教育部.3～6岁儿童学习与发展指南［S］.北京：首都师范大学出版社，2012.

［4］何桂香.幼儿园家长工作指导［M］.北京：北京师范大学出版社，2012.

浅谈假期幼儿居家生活与信息技术应用

肇庆市直属机关第二幼儿园　郭玉婷

　　由于新冠疫情影响，寒假延长，幼儿园的学前儿童不得不在家进行长达数月的居家生活，但是居家生活期间，幼儿会出现生活态度怠慢、好习惯丢失、情绪低落等现象。为了解决这个问题，家长要付出更多的精力关爱孩子，陪伴他们度过这段漫长的时光。作为教师，要及时了解幼儿情况，想出更好的方法让幼儿科学、健康地生活。在此期间，采用信息技术相关手段，可以提高幼儿居家生活的积极性，教师可以快捷地进行信息传递，与家长进行无缝沟通，及时了解幼儿近况，也能够有效帮助幼儿解决生活中发生的一系列普遍问题。

　　疫情防控期间，幼儿园对幼儿居家生活综合教育提出了基本的要求，幼儿园的每名教师在这个过程当中要起到相当的监管、了解作用，确保幼儿在居家生活的过程中通过信息技术的应用学会自我保护、严格遵照疫情防控的方法和建议进行自我防控，并且在家庭生活方面还要学会进行自我约束。疫情期间，幼儿在教师、家长和信息教育技术教育作用下，建立信心，摆正心态，正常进行一日生活，以阳光、积极、乐观的状态迎接每一天。当然，在居家生活中，幼儿各个方面可能会出现很多问题，需要教师和家长在这个过程中负起相应的责任，及时沟通，并及时发现问题、解决问题，做到防控、生活、教育三个方面都要有相应的要求和成果。

一、新冠疫情防控幼儿居家活动背景

　　2020年初，一场突如其来的疫情席卷了全国，和十几年前的"非典"相比，这场疫情的暴发非常迅速，让人们的整个春节假期都受到了疫情的困扰。

我们可以看到，每一个中国人几乎都受到了新冠疫情的影响。这场疫情的暴发也对社会的各个领域造成了严重的冲击，尤其是教育行业，受到的冲击是前所未有的。因为疫情大规模暴发和疫情防控，很多幼儿园、中小学以及高校无法正常开学。为了支持疫情防控，避免疫情再次恶化，教育部出台政策，所有学校"停课不停学"，而学生的学业只能在家庭中完成。学校都推出了自己的网课，希望学生在家期间可以正常学习，完成该学期的学业。

幼儿园虽然没有学业要求，但仍需要家长和老师进行积极沟通，充分了解幼儿的身心发展情况，及时发现问题、解决问题。由于疫情防控相对严格，教师对幼儿的监督与了解会受到不同程度的影响。

居家生活期间，各幼儿园都有着相应的教育措施，采取居家学习的方式，信息化教学在这个特殊时期有着用武之地。作为家长，要重视孩子在家期间的各种情况并积极与幼儿园教师进行沟通，而作为教师，要关注幼儿在家的动态，为家长提供建议，并想方设法了解幼儿在家接受信息技术教育情况和生活习惯成果，双方合作，保障幼儿在疫情防控期间依然健康快乐地成长。

二、疫情防控期间居家的基本要求

疫情防控期间给幼儿带来漫长假期并不是单纯休假，而是以休假的方式进行居家生活，与家长更加亲密地相处，积极学习各种生活技能，家园共育，为幼儿营造良好的生活环境。此期间并不是单纯的放假，对居家教育有着相应的要求。

（一）做好自我防控

疫情防控是全国人民的共同任务，作为一名儿童，也需要把自我防控作为己任。首先，要了解自我防控的基本要求。其次，在疫情防控期间养成良好的防控习惯，少接触外人，勤洗手，尽量少出门，如果出门的话，需要在家长的陪同下并戴好口罩才可以。最后，要对身边周围的人进行疫情防控的纠正，指出大人做得不周到的地方，大龄幼儿已经具备自我意识，也可以当面纠正身边的小朋友，以此充分发挥自己的作用。

（二）学会良好习惯

疫情防控期间，幼儿园都制定了相应的教育任务，在日常的生活中要以自己的良好习惯为重。因此，幼儿要经常地与家长参加幼儿园安排的线上教育活动，除此之外，也应适当接受家长与教师安排的一系列生活常识教育。这样才能保证完成每个孩子的习惯教育，尽最大可能让幼儿的学习不受疫情的影响而耽误。而学前儿童自身的心理成长更为重要，尤其是家长要对孩子的日常思维习惯进行了解，这样才会不影响孩子的心理发展。

（三）帮助父母承担家庭劳务

5～6岁的大龄幼儿是完全可以承担部分家务的，每个孩子在家庭生活的时间比以往增加了很多，有机会做更多有意义的事情，通过承担家务可以直接为父母减轻家庭劳动负担，并且能够树立起家庭的责任意识。家长应当主动给自己的孩子安排一定的家庭劳动，比如拖地、扫地、洗碗，这样既可以丰富幼儿的假期生活，也对孩子日后培养家庭的责任担当有非常重要的意义。

（四）积极帮助同伴

学前儿童在家中休假时，每个人所面临的状况都不一样。作为一名大龄儿童，应当关心自己身边的同学，如果同学在假期居家生活中遇到了困难，应当在不违背疫情防控的原则下对同学进行帮助。这样有利于培养同学之间的感情，也能让孩子养成助人为乐的良好品德。

三、幼儿在居家生活中出现的普遍现状

（一）情绪低落，产生负面情绪

长期的居家生活限制了孩子的自由空间，为了能够在休假过程中做好防护，绝大部分家长都要求自己的孩子长期待在家中。在这样的环境下，由于幼儿年龄较小，心理发育不成熟，缺乏和其他同龄孩子互动交流的机会，极有可能会产生情绪低落等负面情绪。这种负面情绪对孩子居家学习是非常不利的，家长和教师要注意到这种情况，并且找到相应的解决对策。

（二）缺乏监管，教育荒废

恰逢疫情发生在假期，家庭处于居家自我隔离状态，导致教师无法进行有效监管。在这漫长而又艰难的疫情防控时期，由于有的家庭育儿经验不足，有的家长要奋战在一线而无暇管教孩子，只能任幼儿玩网络游戏或者长时间看电视来消磨这漫长的停学时间。原本大部分家庭在寒假时对于幼儿的教育就会松懈，再加上疫情尚未可控，复学时间待定，人们处于精神紧张状态，有的家庭会放松对幼儿的教育。而长时间的疏于管教，有的幼儿会出现焦虑、情绪不稳

定等现象，也有的会由于过于放纵而有了坏脾气。此外，有的家长平时依赖于幼儿园教育，在疫情期间有时间与孩子朝夕相处，却无所适从，不知如何对幼儿在居家生活学习的过程中进行有效监管，导致教育荒废。

（三）增加家长负担

长期的居家生活，家长需要腾出更多时间去关心幼儿和开展辅导，这严重影响了家长的日常工作安排，也在一定程度上增加了家长的负担。部分家长由于生活压力会忽视对孩子的关爱，导致幼儿在居家生活期间的亲子关系受到影响。尤其是学前幼龄儿童，家长要看管孩子的时间更长，极有可能产生家庭矛盾，对孩子的成长极为不利。

（四）生活习惯发生变化

长时间的假期生活，会让幼儿原有的好习惯发生改变。比如在正常上幼儿园期间，孩子会养成每日早睡早起，按时去幼儿园的好习惯，但是长时间的休假会让这些好习惯慢慢消失，孩子极有可能会睡得很晚，并且早上起得也很晚。在饮食习惯上，由于家长工作繁忙的缘故，更多的孩子会食用一些不健康的食品；在家和在幼儿园相比，一些行为会缺乏管教，导致原有的坏习惯故态复萌。

四、信息化教育方式优化居家生活的建议

（一）全方面加强教育网络优化，确保实时效率

疫情防控期间，幼儿的教育、交流、反馈、监管都来源于网络。因此，教育网络的传输效率就显得尤为重要，甚至在优先级上要高于生活与办公的网络传输效率。各地的幼儿园要高度重视，健全组织管理机制，迅速制订完善工作方案，落实相关配套措施，全面做好组织实施工作。方案要符合实际，操作性强，对平台选择、资源提供、技术保障、内容审核、培训指导、进度安排、效果监督等提出要求。幼儿园要主动协调，多部门应协同推进，积极争取本地通信管理部门、广电部门和电信运营商、相关网信企业的大力支持，这样才能获得高效网络传输，确保教育信息化正常开展。同时要求幼儿家长应对疫情防控以来网络、信息化教学、远程沟通做出长期准备，如准备远程教学设备（笔记本、平板、电脑、手机），并合理安排教育孩子的习惯、心理和正确的行为。

（二）有计划、有安排地实施网络教育教学活动

教育部通过国家平台开通"国家中小学网络云课堂"，免费提供给教师、学生、家长和社会学习者使用。学校可以根据教学条件，在学校延期开学期间通过网络平台、数字电视、移动终端等方式，自主选择在线直播课堂、网络点播教学、大规模在线开放课程（MOOC）、小规模视频公开课（SPOC）、学生自主学习、集中辅导答疑等形式开展线上教学。不具备基础条件的地方或学校，可以利用移动互联网或电话等形式开展家校沟通、推送学习资源、组织辅导答疑。

在这样全面信息化教育的背景下，针对学前儿童，幼儿园教师应当独立开发学前基础知识、思想品德、社会知识等方面的课程，借助幼儿园微信公众号、通信设备、视频等方式，向儿童进行学前教育教学活动。并且和家长建立长期联系，收集建议，改善课程，并科学合理地安排授课时间，让学龄前儿童在国家打造"网络课堂"的背景下充分受益，学习到一定的知识。

（三）借助交互软件平台，发布教育知识，让学生和家长受益

疫情防控期间，除了家长面临相应的恐慌外，实际上，每个孩子也有着自己的心理负担。尤其是学前儿童，因为个人在成长的发育阶段，心理极为不成熟，并且在接收新闻消息时对新冠病毒有所误解，可能会造成心理上的惶恐。而家长在长期和孩子相处的过程中，也难免头疼于如何在生活中教育孩子。幼儿园组织教师在互联网交换平台或公众号定期发布文章，让幼儿家长关注，内容以生活教育技巧、防控知识、心理沟通为主，这样不仅有助于解决家长如何教育孩子的问题，还能够让幼儿在进行基本教育之余受到其他方面的拓展教育。

（四）用信息化资源，加强教师与家长互动沟通，达到监管、了解目的

各地幼儿园要充分利用各类管理平台，结合网络平台和新媒体等渠道，向学生家长发布居家教育不同阶段的不同要求，通过微信和QQ等方式询问每个孩子目前的学习进度和结果，并在固定时间内与家长通信，实际了解幼儿的生活和行为习惯情况，及时给出建议。同时，结合幼儿园的网络管理平台，定期举办相应的家庭生活评比活动，加强师生互动，如家务、手工制作等，通过网络将图片及视频信息传达至老师进行打分，并公布评比结果。另外，也可借助网络开展心理辅导服务，减轻师生因疫情所致的心理影响，让大龄学前儿童积极参与生活的同时能够丰富生活。

（五）借助网络培养其他兴趣爱好

长期的居家学习，幼儿除了要保持良好的生活习惯和承担力所能及的家庭劳动外，也可以借助这个机会，通过手机软件培养其他兴趣爱好。大龄学前儿童可在家长的安排和辅导下，借助网络和软件观看启蒙教育类视频，增加知识面。

五、学前儿童参与居家生活和学习的思考

（一）学前儿童更需要家长和教师付出更多精力关心

学前儿童由于不能参与学校的学习，再加上年龄较小，无法对周边事物有一定的应对能力和判断能力。因此，在疫情防控期间居家生活的过程中需要格外关心，这样才能达成自我防控和学业任务。作为家长，要在日常生活当中拿出更多的精力去教育孩子，关注孩子的心理变化，并对孩子心中的疑问进行解答，这样才会使孩子在自我防控和完成学业任务上有提高的可能。作为教师，要经常和家长进行沟通，了解孩子在家的情况后，积极地提出合理的建议，事先考虑到学前儿童在家庭中遇到的问题，这样有利于学前儿童在家庭中能够更好地居家生活。

（二）充分利用休假期间培养家庭责任和良好生活习惯

学前儿童所处的年龄正是培养其家庭责任和生活习惯的黄金时期，当然，在这个时期，需要家长腾出更多时间进行教育。在疫情防控期间，学前儿童有更多时间在家里生活，在一定程度上增加了孩子和父母的感情。父母也应该利用这个机会多和孩子相处，通过自身的生活经验对孩子进行言传身教。通过长时间与孩子相处，可以使孩子结合家庭生活，树立起家庭责任感，教育孩子多承担家庭劳动，培养孩子做家务的意识，并把做家务培养成一种主动的行为习惯。而且在生活的过程当中，家长可以更全面地去帮助孩子养成良好的生活习惯，如个人卫生、饮食习惯等，家长要求孩子拿出更多时间去养成好习惯，并且给予一定的指导和纠正，这是疫情防控期间所给予的难得机会，对学前儿童的个人健康有利。

（三）注意对眼睛的保护

学前儿童与学龄儿童相比，身体机能更加脆弱，特殊时期的生活和学习过

度依赖网络，容易造成用眼过度，引起一系列眼部健康问题。家长应当合理安排学前幼儿用眼时间，做出合理保护措施，避免幼儿眼部疲劳造成损伤。

六、结语

信息化教育方式是新时代背景下教育的创新变革，由于各地发展情况不同，信息化教育水平参差不齐。但是在疫情背景下，信息化教育针对幼儿教育有了用武之地，并发挥着独特的作用。合理掌握信息化教学方法，教师可以对居家生活的幼儿进行接近课堂教学效果的活动，还能实时与家长沟通，掌握幼儿动态。信息化教育更能丰富他们的居家生活，在开发兴趣爱好上起到非常重要的作用。

参考文献

［1］何云峰，宗爱东.学前劳动教育的现状、问题及对策［J］.青年学报，2019（1）.

［2］张荣钢.当前家庭劳动教育存在的问题及改进建议［D］.长沙：湖南师范大学，2011.

［3］王洪贵.劳动教育：未成年成长的必修课［J］.江苏教育，2019（26）.

［4］宁本涛.新时代中小学劳动教育重建的几点思考［J］.中国德育，2019（4）.

［5］国家卫生健康委办公厅.新型冠状病毒肺炎诊疗方案（试行第六版）［J］.中国感染控制杂志，2020，19（2）：192-195.

幼儿园微课如何应用在家园共育中的探究

肇庆市直属机关第二幼儿园　张恒婵

2019年年底，新型冠状病毒侵袭中国各地。幼儿园一直处于停课状态，直到6月中旬才开始复课。在这段时间，我们幼儿教师也进行了思考，一方面不能给家长和孩子造成学习压力；另一方面又给家长更好的居家教育指导。笔者因而想到了利用微课，在家园共育中给家长们以教育指导。本文以微课在家园共育中的实践研究为思路，围绕微课应用在家园共育中的实践意义以及如何让微课在家园共育工作中发挥积极作用展开了探究，希望微课可以更好地应用到家园共育中，为家长们所欢迎。

互联网时代，家园之间的沟通形式不再局限于传统面对面的沟通方式。微课作为新时代背景下一种新型的网络教学形式，具有直观性、便捷性的特点。微课的出现，使家园共育有了新的思路，也提升了家园共育的效率。

一、微课在家园共育中的实践意义

（一）增加家园共育的方式

传统家园共育的教育方式以面谈、发放学习单或开放日活动为主，比较容易受到时间和空间的限制，难以调动家长参与家园共育的积极性。我们可以利用班级微信群或是公众号平台给家长推送相关教育活动的微课。可以让家长在家也能了解到孩子的活动情况，拉近家园距离。微课也成为教师在家园共育工作中使用的主要方式。

（二）增进家园互动

《幼儿园教育指导纲要（试行）》中明确指出：幼儿园应与家庭紧密合

作,共同为幼儿的发展创造良好的条件。特别是在疫情停课期间,我们幼儿园利用公众号作为载体推出的"亲子微课堂系列"受到了很多家长的欢迎。很多家长都认可这种学习形式,孩子们也喜欢这种微课的学习。家长们也可以根据孩子们的使用情况及时给予我们反馈,增进了家园互动。记得在元宵节的时候,我们推出了《快乐元宵节》的微课,其中有制作认识元宵节习俗的动画,还增加了制作汤圆的方法。家长们反映,平时孩子对元宵节不是很感兴趣,但是通过这次的微课活动,孩子很认真地学习了这个微课,还主动提出要制作汤圆。家长们都很喜欢这个活动,不仅让孩子更好地受到了传统文化的熏陶,还锻炼了孩子的动手能力,增进了亲子感情。

(三)提升教师信息技术技能

在信息时代,微课给家园共育提供了新的学习方式,同时对教师的能力也提出了新的要求。特别对于很多老教师来说,他们更容易接受的是传统的教育方式,信息技术方面的技能比较薄弱。我们幼儿园在之前成立了一个"微课在家园共育中的实践研究"课题研究组,很多教师都参与到其中。为了提升教师的微课制作水平,我们进行了多次培训和比赛。经过这些锻炼,很多教师接触到了新的信息技术,提升了自己的教学技能。特别是在疫情期间,很多教师都根据本班的实际情况,制作了很多适合本年级幼儿学习的微课,提升了教学水平。

二、如何让微课可以更好地应用到家园共育中

(一)在活动中发现问题

微课作为信息教育化的产物,以时间短、主题突出、形式灵活等特点,越来越受到学校和家长的欢迎。我们幼儿园也很早就已经进行微课的普及,经常给家长发送适合幼儿学习的微课,为家长提供更多的家庭教育指导。不过在使用微课的过程中我们也发现了比较多的问题,为了更好地利用微课进行家园共育,我们对家长进行了调查,对问题进行总结并提出今后活动的策略。

本次调查以问卷调查的形式,针对全园500多位家长进行,收回来的有效问卷有402份。其中,有76.62%的家长表示,老师发送的每一个微课都会在家跟孩子共同学习;有71.00%的家长认为微课在家庭教育中有可行性;有83.00%的家长是支持在家园共育中利用微课的形式。这些数据表明,大部分家长还是比较

认可微课的形式的。还有一些家长对微课持观望的态度，有的觉得孩子如果太依赖电子产品，会对传统的教育模式失去兴趣；有的家长害怕微课学习的时间过长会影响孩子的视力；还有的家长认为幼儿园提供的微课形式过于单一，不够生动有趣。

（二）提升教师的信息技术水平，制作优质微课

微课的制作和运用大部分都是由老师自己完成的，这就要求教师们要有比较高的信息技术能力。幼儿园很多年纪稍大的老师都没有接触过微课的制作，这样对于微课的推广是不利的。而且，教师的信息技术水平直接影响到制作的微课质量。为了让教师们可以自己完成微课的制作，幼儿园应定期组织教师开展相关信息技术培训和技能比赛。

信息技术技能培训应该包括课件制作、微课录制、音频处理、录像技术等技能。因为如果要制作一个优质的微课，需要掌握这些信息技术处理能力。我们幼儿园每个学期都会进行微课制作比赛，还有相关技能的培训分享活动。组织教师们分小组共同完成制作。教师们可以从微课的教学设计到制作课件、录制录像，还有最后的微课剪辑一起进行教研讨论，这样完成的微课比较优质，而且也可以锻炼教师们的信息技术技能。近年来，我们幼儿园教师的微课制作水平提升了很多，并且获得了市里的相关奖项，这跟我们平日的培训学习是分不开的。

（三）微课内容的选择应适用于幼儿

幼儿园微课的使用主体是幼儿，所以我们的微课在内容的选择上应该要适用于幼儿。首先在内容的选择上应该遵循《3～6岁儿童学习与发展指南》并符合幼儿的学习需求，其次微课的设计应新颖，可以激发幼儿的学习兴趣，让幼儿可以在玩中学、学中玩。因为学前儿童的思维多数是以具体形象思维为主，所以微课的情境创设应该生动具体，在画面上最好是有一个卡通形象或者把教师的形象录制进去，这样可以更好地吸引幼儿的兴趣。

幼儿园微课的观看主体是幼儿，微课的制作时长不应该超过10分钟，这样有利于保持幼儿的学习兴趣并保护幼儿的视力。

在微课应用中可以加入互动的元素，如果是在幼儿园学习的微课，应加强师幼互动，这样可以及时检验幼儿的学习情况；如果是在家庭学习的微课，应该加入亲子互动环节，这样可以进一步发挥微课的作用，加强家园联系。

（四）合理整合微课共享资源

为了发挥微课的最大作用，我们还需要整合微课的共享资源。在幼儿园中，我们可以根据本园的教学内容，分领域、分年龄段制作一批优质的微课资源并进行整理分类。还可以根据幼儿的学习需求，如节日、节气或者某个幼儿比较感兴趣的内容，制作一些微课，形成自己的园本课程。并把本园自制的微课整理分类好，可以放在资源盘里供老师们使用，还可以选择优秀的微课资源通过本园的公众号推送给家长或是幼教同行们相互交流，提升微课的使用效率。

在幼儿园外，教师们可以多参考一些微课资源平台，学习别人的优秀作品，丰富微课资源，提高微课的质量。还可以鼓励教师多去参赛，不断提升自身水平。

综上所述，在信息技术发展迅速的时代，我们也要不断提升自身的水平，不断适应时代的发展。微课在家园共育中有着积极的作用，我们应该正视微课的作用，积极探索并制作优质微课，使其更好地为教学活动服务，为家园联系创建桥梁。

参考文献

［1］冯智慧，郑晓丹.微课新界定：从技术开发迈向有效设计［J］.数字教育，2014：56-60.

［2］徐连莲.浅议"微课"在家园共育中的实践价值［J］.新课程·上旬，2017.

［3］赵国忠.微课：课堂新革命［M］.南京：南京大学出版社，2015.

幼儿微课的教育价值与应用意义

肇庆市直属机关第二幼儿园　罗嘉敏

　　微课是指以视频为主要载体，记录教师在课堂内外教育教学过程中，围绕某个重点或者教学环节而开展的教育教学活动的全过程。随着时代的进步和教育的改革，尤其是在"互联网+"背景下，教师可以充分利用新技术，如最简单的PPT技术：有声音，有文字，有图片；可以师生互动，比单纯的教师讲授、学生听讲，效率提高了好几倍。现在又出现一些最新的互联网教学方式，如"微课""慕课""翻转课堂""在线课堂"等，极大地增强了学生的学习兴趣，提高了课堂教学效率，推动了教学方式的根本性变革，甚至有人预言，互联网必将带来教育的根本性革命。这样的发展形势向每一位教师提出了严峻的挑战，很多不适应新技术或者不思进取的教师将会面临失业的风险。但互联网信息技术的发展，也给教师的进一步发展带来了新的机遇。在"互联网+"背景下，如果教师能够审时度势，积极学习、应用新技术，以积极和聪慧的态度来应对新时代，充分利用互联网带来的教学模式新技能，那么教师就有可能应时而上，突出发展自己，成为时代的弄潮儿。同时，微课符合幼儿的认知心理规律，能促进幼儿进行自主性学习，能促进教师专业水平的提高，开阔教师的视野，从而获得教学质量的提升。

　　幼儿微课以简单易懂、形式生动有趣等多种方式向人们展示了微课教学的丰富性和实用性，是当前新兴的利用电子软件作为媒介的一种新型的授课方式，与传统的教学模式不同。幼儿微课在实际教学中的教育价值和应用意义在常规传统的授课教学中有很大的体现。

一、幼儿微课的教育价值

（一）微课在幼儿教学中的激趣作用可以促进幼儿自主学习能力的提高

　　幼儿时期是教育的关键时期，幼儿的认知思维以具体形象思维为主，但微课的独特性与传统的面对面现场教学方式不同，微课以声像结合、图文并茂的方式展开教学，鲜明的色彩、直观的形象、立体的画面吸引了孩子的注意力，将抽象知识变得形象，从而激发幼儿学习的兴趣，如中班语言微课作品《小金鱼逃走了》，微课视频中问答的方式和展示操作机会，可以很好地吸引住幼儿的兴趣点，同时教师选用了欢快活泼的视频背景音乐和生动精彩的动态画面，这些微课的特点都充分激发了幼儿的学习兴趣，提高了幼儿的观看体验。在图片的静态画面制作成微课的动态画面中，让幼儿亲身感受到微课作品《小金鱼逃走了》里画面的动感和背景音乐的魅力，使孩子在学习的过程中始终保持着浓厚的兴趣。

（二）微课丰富幼儿的常规教育，使微课教育活动变得生动有趣、效果更好

　　微课适合教师进行知识管理，微课是教学知识积累、共享和交流的最好的形式之一，合理使用微课的形式进行教师知识管理，既可以促进教师个人专业发展，也可以大大地提高教学的效果。同时微课在幼儿教学中有"导学"作用，微课是以"微视频"为核心，是基于学科知识而建构的，生成的新型网络课程资源，微课可以作为传统常规的教学补充和拓展，可利用网络，提供幼儿自主学习的环境，幼儿可以在课前自主观看或者在课后复习性观看，如小班的语言课程《小乌龟上幼儿园》，教师通过课件将其制作成微课的形式，让幼儿在家提前观看，了解故事内容，让孩子利用课前或者周末的时间提前观看画面，让幼儿带着问题上课，为新课导入做好准备，对教学起到了导学的作用。

（三）微课在幼儿教育中有因材施教的作用，能更好地照顾到能力发展水平不一的幼儿，促使教师更多地关注学生的主体

　　微课是针对某个知识点而制作的，适合学生进行个性化的深度学习，对于没有掌握该知识点的学生，课后通过微课学习进而掌握，微课相对于传统的教学更能发挥因材施教的作用，如在传统教学中，教师教孩子进行手工制作活动，大多数教师都是让孩子跟着教师的步骤来学习，但是孩子的接受能力参差不齐，会出现手工做得快的孩子需要等待，在等待的过程中孩子的集中力容易

出现问题。而手工做得慢的孩子跟不上节奏，则对手工产生了畏难情绪，这时我们教师可以利用微课的形式，把手工制作的内容和步骤制作成微课。让幼儿根据自己的节奏播放或者暂停视频，这样孩子可以观察到每一个步骤，让他们自主练习或者反复练习，从而达到更好的教学效果。

二、微课教学的应用意义

（一）微课应用于幼儿园教师的技能要求

教师应用微课教学要掌握好微课的独特性，首先，微课最主要的特点是"微"，教师必须要掌握好微课的应用时间，一般来说，5~10分钟为最佳的授课时长。如果超过这个时间，对幼儿上课的注意力要求会比较高，幼儿的注意力容易分散，幼儿无法掌握学习内容，不利于幼儿进行自主学习。其次，微课的主要特色是丰富多彩，教师通过视频制作、音频、图画等多种软件的应用，丰富教学素材，通过多种角度对知识进行阐述，对幼儿掌握知识有着重要的指导作用和加深其认知的作用，从而达到微课补充课的作用。

（二）提高教师的多媒体应用水平

教师的多媒体应用水平决定着微课教学质量的高低，网络和多媒体对于幼儿教师来说是新事物，需要教师不断学习和提升。同时幼儿园要组织各种进修活动，提高幼儿教师的多媒体应用技能，对于视频剪辑、音频处理、动态画面和PPT等软件要熟练应用，掌握了这些工具的使用方法，能够充分利用网络资源，让各种素材为己所用。例如，应用视频剪辑软件可以对幼儿的教学素材进行剪辑，根据孩子的需要剪辑好足够其所学习的材料资源。以幼儿绘画为例子，可以对网上的绘画图片进行材料的收集，然后利用工具进行剪辑，将教学需要的内容保留，从而让幼儿可以很直观生动地通过微课了解到所需要学习的绘画内容。另外，教师还可以通过音频处理，为各种微课配上合适的背景音乐，这样会很好地吸引住孩子的兴趣和注意力。如果是一些健身教学型的微课，教师可以通过音频处理软件和视频剪辑器将微课的时长调节到适应幼儿的需要，更加体现了微课的可持续性和操作性，也要求教师拥有一定的多媒体应用技巧。

三、结论

幼儿园教学是教育领域关注的重点，因为幼儿的启蒙教育对孩子的终身发展有着重要的影响，针对这一群体的特殊性和现代幼儿家长与互联网的良好互动能力，以及家长对孩子教育的重视程度，要积极开展对幼儿园微课的研究，加强幼儿教育工作者对微课的重视，充分利用网络资源给幼儿教育提供常规教育以外的及时补丁作用，在保证微课制作质量的前提下，最终目标是将课堂教学内容的每个知识点都变成优质的微课教学视频，切实帮助家长对幼儿进行科学的教学和培养，从而有利于孩子的家庭教育和幼儿园教育良好互通，最终有利于孩子的健康成长。

参考文献

［1］袁永辉.微课在幼儿园教学中的运用和思考［J］.中学课程辅导（江苏教师），2014（18）.

［2］王凡军.浅谈微课在幼儿园教学中的作用与思考［J］.新教育时代（教师版），2018（44）.

浅谈现代幼儿在家庭教育中
存在的问题与措施

肇庆市直属机关第二幼儿园　李　璐

2020年，因为突如其来的疫情，孩子们都不能外出，教育、玩耍都只能待在家里。这段时间，家长们焦虑不安，除锻炼了自己的厨艺外，再就是思考孩子们的居家教育问题了。虽然教育部门出台了一系列的措施以缓解家长们的焦虑，但是这些措施也存在着一些问题，值得我们教育工作者进行进一步的探讨、研究。

一、疫情防控期间，孩子们居家教育存在的问题

（一）幼儿居家教育的硬件条件不足

虽然教育部门出台了一系列政策措施，通过互联网平台组织教师们不定时地更新微课堂视频，供孩子们进行在线学习，但是因为疫情原因，很多时候，老师们准备不充分，很多的硬件设施都没有用上，只能用最简单的方法，用手机拍摄。这就要求老师们的手机必须是智能手机，还得有电脑、有流量。而有些老师在疫情前就已经回农村了，基本没有电脑可用，信号也不好，硬件设施并不完善。

（二）孩子们的监护人的素质参差不齐

因为一些微课视频是发布在公众号上的，老师并不能确保每个孩子都能自觉地去观看。而且，很多孩子在疫情期间都是爷爷奶奶带着，他们可能不会用智能手机，老人基本上只管孩子的日常生活。有时候老师发现微课的浏览量很

少，老师们就会联系家长，请家长们多关注微课，但是时间久了，有些家长就会采取回避态度，甚至不接电话、不回微信。在这种情况下，孩子能得到什么收获呢？其实老师们都知道作用是不大的。

（三）孩子们缺乏主动性

平时在幼儿园开展教育活动是在老师的督促下进行的，而因为疫情原因，孩子们只能待在家，少了老师们的监督管理，没有了集体活动，孩子们就很难有自律的意识。因为幼儿园的孩子都比较小，他们正处在贪玩的年纪，有多少孩子能做到自觉呢？即使孩子能做到观看视频，但是怎么知道他们是有质量地观看，还是马马马虎虎地应付一下而已呢？或者是即使看了，也未必能坚持下去，因为孩子天性好动，让他坐在电脑前看，看太久他会坐不住的，他更愿意到处跑。所以，真的是挺难的。

（四）对孩子们的视力会有所影响

因为微课视频需要在线观看，所以他们得经常对着电子产品。这样可能会影响到孩子的视力，因为电子产品看久了，就会造成眼睛过度疲劳而产生假性近视之类的问题，如果大家都不注意的话，就可能会导致孩子们的视力下降。这是必然的。

（五）亲子关系紧张

有些家长很配合老师，能够按照要求完成任务。这可能会让孩子得到了一些收获，但是，如果经常让孩子们观看视频，就会令孩子们产生抵触情绪，而令亲子关系紧张。有些时候，家长控制不好自己的情绪，就会责怪孩子，无意中伤害了孩子的自尊心，造成孩子产生叛逆心理，因此会产生恶性循环。还有一种情况就是家长随便应付一下，到了老师要求拍验收作品的视频的时候，就会临时抱佛脚，然后抱怨孩子，说出一些偏激的话，这样会促使孩子变得叛逆、自卑。亲子关系也自然不会轻松。

二、疫情防控期间，遇到这些教育问题时应该采取的措施

（一）作为父母，应该要做好榜样

平时，除了要满足孩子的基本生活需求外，还要在精神上对孩子起到引导的作用。首先，在疫情防控期间，要保持积极的心态，合理控制情绪，不信谣、不传谣，要给孩子多看一些像钟南山院士一样的先进事迹；身边的一些叔

叔阿姨对抗击疫情做的一些贡献；还有一些在前线工作的医护人员、警察叔叔阿姨的感人事迹等，让孩子从小树立正确的价值观。其次，少看电视，少刷小视频，少玩游戏，多陪陪孩子，可以在家做做运动，做做家务，与父母共同烹饪，建立良好的亲子关系。

例如，我就是一个二胎妈妈，育有两娃，大宝今年6岁，小宝今年3岁。因为疫情，我们待在家里。家里的玩具不算多，而大宝很喜欢玩搭建游戏，玩乐高，家里的乐高已经不够他玩了。在当时的那种情况下，又不能去逛商店，买不了玩具。大宝就自己想办法，在家里找"玩具"。他把妹妹的空奶粉罐、空汽水瓶子、一些空的药盒子、旧的挂历、旧的筷子等，都找出来当作搭建的"材料"，而且做得挺有意思。当他搭建完后，我便让他介绍一下自己的作品。有一次，他把家里长长的走廊也用上了，在长廊上搭出了一个小迷宫，还设置了一些障碍物。刚开始，他表达能力不强，说话不流利，我就让他把每次搭建好的作品都自己做介绍。慢慢地，大宝的语言表达能力提高了，而且不再腼腆，说起话来眉飞色舞，有时还加上了动作，真的收获特别大。后来，他还带上妹妹，两娃一起玩搭建，分工合作。虽然有时会为了一个小玩具吵起来，但是吵完后又一起玩，在每次的交流和小小的争吵中，妹妹的语言表达能力也提高了。大宝还学会了给玩具分类：按颜色分类，按形状分类，按大小分类等；学会了爱护玩具：每次睡觉前把玩具都收拾好。所以，我觉得父母的引导和陪伴真的很重要。我们一定要给孩子做一个好榜样！

因为不用上幼儿园，两娃有时就会看一会儿平板。我家的平板里会有一些游戏，供孩子们闲暇时玩一会儿，但是更多时候是让他们玩一些识字游戏。此时，父母就可以陪着孩子一起玩识字游戏。然后在睡觉前，还可以一起看看书，营造良好的阅读氛围。

（二）作为老师，应尽职尽责

因防控新冠肺炎疫情的需要，全国大中小学都无法正常开学，教育部采取了"停课不停教、停课不停学"的应急措施。幼儿园也积极响应上级的要求，开展了"停课不停学"的线上教学活动。老师们为实现幼儿更有价值的自主成长，丰富幼儿线上学习内容，根据孩子的身心特点，每周为幼儿线上分享五大领域的活动内容，并开展一些线上亲子游戏。例如，每周六，公众号会发布一些美术活动内容，老师们提前制作好视频，通过互联网进行教育教学活动，教孩子们绘画，做手工，效果良好，家长还会与教师互动，把孩子画的画、做好的手工作品发到微信群，一起分享和讨论。有时候，教师还邀请家长一起参加公众号发布的一些线上课程、育儿讲座，共同学习，共同进步。

（三）作为孩子，应有自主性

孩子应该听从幼儿园和父母的安排，按照线上教学的要求，严格遵守作息时间，积极参与线上教育教学活动。培养正确的兴趣爱好，尽量少玩手机；多做运动，多做家务。有什么事多跟父母说，多交流，建立良好的亲子关系。例如，我家大宝看到我在家搞卫生，就会主动过来跟我说，要跟我一起搞卫生，帮我擦擦桌子、扫扫地之类。晚上吃完饭后，两娃很喜欢做做运动，跳跳舞，有时候，我们还比赛，看看谁的动作做得最标准，谁能跟上节奏，记住那些舞蹈动作，谁就可以领张小贴纸作为奖励。后来，爸爸也参加了这个饭后活动，家里充满欢声笑语，大家都开心，又能增进亲子关系，受益良多！

所以，疫情期间的居家教育其实是一种新的教学方式，也是一种新的教学理念，特别是与家庭有密切的联系，这是对父母的一种考验。其中还有很多方面值得我们去探索和研究，而现阶段虽然只是实践，但是经验告诉我们，这种模式是可行的、新颖的，能促进亲子关系，还可以完善和改进。